KB189552

뇌성마비를 극복하고 조지 메이슨 대학 최고 교수가 된 정유선의

내 인생을 움직인 한마디

나는 참 괜찮은 사람이고 싶다

뇌성마비를 극복하고 조지 메이슨 대학
최고 교수가 된 정유선의
내 인생을 움직인 한마디

나는 참 괜찮은 사람이고 싶다

| 정유선 지음 |

위즈덤하우스

흔들리는
걸음으로
당당하게

　　　　오랜만에 나선 산책길, 이제 막 걸음마를 시작했는지 아장아장 걷는 아기와 그 옆에서 흐뭇한 얼굴로 바라보는 엄마가 있다. 비틀거리며 아슬아슬하게 혼자 걷던 아이는 몇 발자국 떼는가 싶더니 이리 쿵, 저리 쿵 넘어진다. 금방이라도 울 것 같은 아기의 얼굴……. 지켜보는 내 마음이 다 안쓰럽다.

　'아이구야 저걸 어째.'

　하지만 아기 엄마는 얼굴 가득 미소를 머금고 "괜찮아, 괜찮아. 자 일어나자"라고 말해준다. 주저앉아 울 것 같던 아기는 엄마의 응원에 힘입어 다시 생글생글 웃으며 일어나 걸음마를 시작한다. 비틀비틀, 흔들흔들…….

　아기는 그렇게 평균 2,000번을 넘어지고서야 비로소 걷는 법을 배운다고 한다.

평균 2,000번!

조지 메이슨 대학에서 강의를 하고 있는 내게 사람들은 '언어 장애를 가진 한국 여성 최초 해외 대학 교수'라는 타이틀을 붙여주었다. 그 타이틀 덕분에 이런저런 매체에 주목을 받기도 했고, 수많은 분들의 따뜻한 격려를 받았고, 나를 통해 희망을 얻었다는 인사도 종종 들어왔다. 그리고 지금 내 이름을 걸고 조금은 평범하지 않은 삶을 살아가는 이야기를 세상에 내놓으려 한다.

책을 쓰기 전에 많이 고민하고 망설였다. 내가 세상을 바꿀 만한 큰일을 한 것도 아니기에, 내 이야기가 과연 사람들에게 읽힐 만한 이야기인가, 나보다 훌륭한 분들이 많고도 많은데, 하고 말이다. 그러나 세상 사람들과 내 이야기를 나누고자 결심한 건, 내가 얼마나 큰일을 해냈는지, 얼마나 어려운 역경을 견뎌왔는지 보여주는 것이 아니라, 남들과 다른 탓에 조금 더 넘어지고 조금 더 좌절했지만, 나에게 닥친 어려움을 풀어나가는 과정에서 무한한 감사와 행복을 느꼈고, 그러한 과정을 통해 조금 더 깨달은 것이 있었으니 그걸 독자들과 나누면 어떨까, 하는 생각에서였다.

뇌성마비 장애를 가진 나는 지금까지 살아오면서 내 겉모습만 보고 판단하는 사람들의 "너는 안 해도 돼"라는 배려 아닌 배려와 "이건 네가 할 수 있는 일이 아니야"라는 편견의 벽에 부딪쳐야 했다. 그런 편견 속에서도 당당하게 앞으로 나아갈 수 있었던 것은 나의 존재만으로도 행복해 하는 우리 가족들과 은사님들, 그리고 30년 지기 친구 정은, 혜승 등과 같이 내게 한결같은 사랑과 응원을 보내준 고마운 분들이 있었기 때문이다. 이 자리를 빌려 다시 한 번 그분들께 감사의 마음을 전하고 싶다. 그리고 이제는 그들에게 받은 사랑을 다른 사람들에게 나누어주며, 나를 필요로 하는 곳에서 내가 해야 할 일을 해나가는 '참 괜찮은 사람'으로 살아가고 싶다.

　누구나 살아가며 어려움을 겪는다. 때때로 도대체 왜 나만 이런 시련을 겪어야 하나 도무지 이해가 가지 않을 때도 있을 것이다. 나 또한 그런 마음이 왜 없었겠는가? 그럼에도 불구하고 나는 걸음마를 배우는 아기처럼 생글생글 웃으며 다시 일어섰다. 감사하게도 내겐 시련과 도전을 견디고 즐기는 긍정의 힘이 있었기 때문이다. 그런데 그 긍정의 힘은 나에게만 있는 특별한 능력이 아니라 누구에게나 있는 것이다. 아직 그 능력을 발견하지 못했다면, 여러분보다 조금 더 넘어졌지만, 훌훌 털고 잘 일어서는, 정유선의 이야기에 귀 기울여주기를 조심스럽게 청해본다.

얼마 전 지인이 요즘 가장 행복했던 때가 언제냐고 물었다. 그때
나는 주저하지 않고 "매 순간순간이 행복해요"라고 대답했다. 강의를
마치고 밤늦게 귀가한 나를 아이들이 "엄마!" 하고 반겨줄 때, 수고했
다며 등을 두드려주는 남편의 미소를 볼 때, 한국에 계신 엄마와 전화
로 사소한 이야기라도 재미있게 나눌 때, 강의가 잘 풀렸을 때, 맛있
는 음식을 마음껏 먹을 때, 그리고 이 글을 쓰고 있는 지금 나는 행복
하다.

이 글을 써오면서 지난날을 하나하나 더듬어보며 추억에 잠길 수
있어 감사했다. 추억 속에서 글을 쓰는 동안 내 뇌리에는 '곧은길만
이 길이 아닙니다. 빛나는 길만이 길이 아닙니다. 굽이 돌아가는 길이
멀고 쓰라릴지라도. 그래서 더 깊어지고 환해져 오는 길. 서둘지 말고
가는 것입니다. 서로가 길이 되어 가는 것입니다. 생을 두고 끝까지

가는 것입니다'라는 박노해 시인의 '굽이 돌아가는 길'이라는 시가 맴돌았다. 이 시가 마치 내가 살아온, 그리고 살아갈 삶을 잘 표현해주는 것 같기 때문이다.

나의 걸음은 아직도 서툴고 흔들린다. 그래서 또 넘어질지도 모른다. 하지만 흔들리는 걸음으로 지금까지 굽이 돌아가는 길을 당당하게 걸어온 것처럼 앞으로도 그렇게 나아갈 것이다. 꿈꾸는 대로 이룰 수 있을 것이라 스스로 믿고, 한 걸음 한 걸음 내딛다 보면 내가 원하는 '참 괜찮은 사람'이 될 수 있고, '참 괜찮은 삶'을 살 수 있을 것이다.

오늘도 수고했다, 내일도 파이팅!

차례

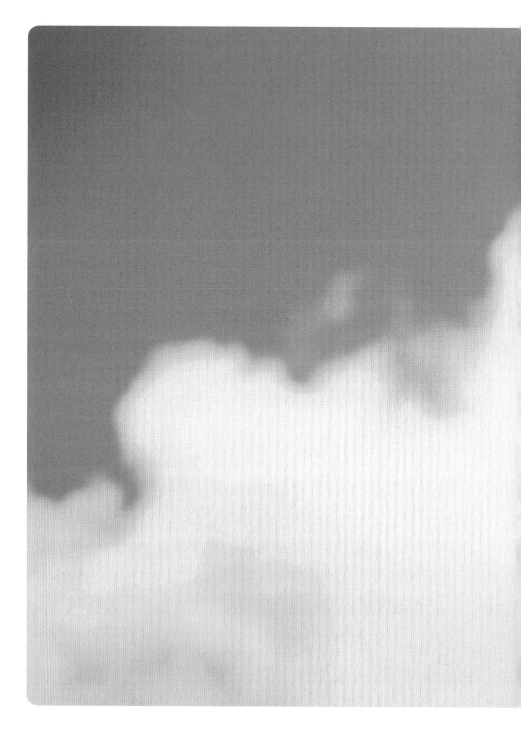

1부

나는

행복을 향해

먼저

손 내밀었다

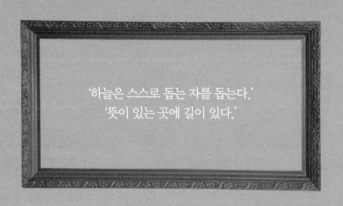

'하늘은 스스로 돕는 자를 돕는다.'
'뜻이 있는 곳에 길이 있다.'

그만두고 싶은 순간,
딱 한 걸음만 더

· · ·

조지 메이슨 대학 최고 교수가 되다

"교육학과 교수 정유선은 보조공학으로 박사 학위를 받았습니다. 그리고 특수교육을 담당하는 선생님들을 대상으로 보조공학에 관련된 여러 과목들을 강의합니다. 보조기기는 장애인들의 능력을 증진·유지·향상시키는 데 도움을 주는데, 정 교수는 강의할 때 직접 보완대체 의사소통기기(AAC)라는 보조기기를 이용하는 분입니다. 그녀는 강의 준비에 아주 많은 시간을 할애합니다. 2시간 40분 강의를 위해 꼬박 이틀을 준비하지요. 강의할 때 해야 할 말을 전부 미리 타이핑해 컴퓨터에 입력시킨 후 보완대체 의사소통기기를 시연해가며 여러 번 리허설을 해야 하기 때문입니다. 정 교수 학생 중 한 사람이 이렇게 말하더군요. '매 강의 때마다 정 교수님은 우리들에게 보조기기들을 사용해볼 기회를 줍니다. 그때마다 내가 이런 장애를 가졌다면 어떤 보조기기들이 도움이 될까, 하고 진지하게 생각해보게 됩니다.' 이런 식의 강의는 학생들에게 보조기기를 효과적으로 이용하는 것이 장애인들의 삶에 얼마나 도움이 되는지, 몸소 체험하고 스스로 느끼게 해주는 것입니다."

조지 메이슨 대학의 피터 스턴스 학장님은 '최고 교수상'을 수상하는 나를 청중들에게 이렇게 소개했다.

2012년 4월 9일은 내 인생에서 결코 잊을 수 없는 기적 같은 일이 또 한 번 일어난 날이다. 조지 메이슨 대학 최고 교수상 수상자 중 한 명으로 뽑혀 상을 받게 된 것이다. 상을 받으러 나가는 그 순간까지 내가 지금 꿈을 꾸고 있는 게 아닐까, 하고 생각할 정도로 믿어지지 않았다. 어떻게 나에게 이런 일이? 교수가 되어 학생들을 가르치는 것만으로도 하루하루 감사한 마음인데, 최고 교수라는 영광스러운 상까지 받게 되다니 이루 말할 수 없이 기뻤다. 특히 이 상은 학생들의 추천으로 후보가 정해지기 때문에 내겐 더욱 뜻깊었다.

매해 조지 메이슨 대학에서는 최고 교수센터(Center for Teaching and Faculty Excellence 〈이하, CTFE〉) 주관으로 '최고 교수'를 7명 정도 뽑는다. 선정 방식은 추천 기간 중 학생들이 교수를 추천하면, CTFE

측에서 선정 대상이 된 교수들이 준비한 다양한 자료를 받아, 그 자료를 바탕으로 여러 번의 심사를 통해 최종 결정하는 것이다. 2012년도에는 40명의 교수들이 추천되었다고 한다.

　3월 말 봄방학이 끝난 바로 그 다음 주, CTFE 디렉터인 킴벌리 교수님이 자신의 연구실로 나를 호출했다. 물론 당락의 결과를 알리는 호출이라는 것은 짐작하고 있었다. 그래서 그런지 연구실로 가는 내 발걸음이 굉장히 무거웠던 걸로 기억한다.

　내가 수상자로 선정될 확률은 거의 제로에 가깝다고 여겼다. 최종 후보에 오른 교수들은 각 분야에서 뛰어나기 때문에 최종까지 남았을 테고, 그렇다면 내가 어떻게 감히 그런 베테랑 교수들과 경쟁해서 이길 수 있을까?

　그저 열심히 CTFE 측에서 요구하는 자료를 준비하기 위해 노력했고, 그 과정에서 평소에는 전혀 인식하지 못했던 나의 교수법의 장점을 발견하고 혼자 기특해 하기도 하고, 부족한 부분에 대해 자아비판을 하기도 하며 많이 반성하고 배웠기에, 최종 후보에 오른 것만으로 만족하고 있어야 마땅했다.

　나는 인생에서 많은 것을 시도하고 끝까지 해보려고 노력한다. 물론 끝까지 노력했지만 결과가 좋지 않은 경우도 많다. 그런 일로 내가 좌절했다면 이 자리에 오지 못했을 것이다.

나는 남들보다 더 많이 실패했고 더 많이 넘어졌다. 그럴 때마다 스스로 위안하고 다독이는 방법은, 그 과정들을 통해 내가 배운 점이 많다는 걸 일깨우는 것이었다.

이번에도 최고 교수에 선정되지 못하더라도 준비하는 과정에서 느끼고 얻은 것이 많다는 것에 감사할 생각이었다.

킴벌리 교수님은 예쁘고 키도 크고, 원더우먼을 닮은 아주 매력적인 분이다. 교수님은 연구실로 들어서는 나를 반갑게 맞아주시며 일단 앉으라고 했다. 처음에는 형식적인 안부 인사, 날씨 이야기로 따뜻한 대화 분위기를 조성하시더니, 어느 순간 내 손을 덥석 잡으시며 말씀하셨다.

"Yoosun, you made it(유선, 당신 됐어)!"

그렇게 말씀하시는 교수님의 눈엔 벌써 눈물이 글썽거렸다.

"지금 뭐라고 하셨어요? 다시 한 번 말씀해주세요."

놀라움에 내 귀를 의심하며 물은 질문에 교수님은 다시 한 번 힘주어 말씀하셨다.

"당신이 최고 교수로 선정됐다고. 나 지금 너무 기뻐."

그 순간 나는 '얼음'처럼 굳어버릴 수밖에 없었다.

내가? 최고 교수상을? 어떻게? 말도 안 돼!

잠시 순간 멍하다가 정신을 차리고 보니 어느새 내 눈가도 촉촉해져 있었다. 내가 최고 교수상 수상자로 선정되었다는 것을 안 순간, 나도 모르게 샘솟은 기쁨의 눈물이었다.

나는 '기술과 교육(Teaching with Technology)'이라는 아주 중요한 분야의 수상자로 선정되었다. 이 상은 강의 시간에 테크놀로지를 효과적으로 이용해 강의 질을 높인 사람에게 주어지는 것이다. 최종 리스트에 오른 15명 중 '기술과 교육' 분야 후보에 오른 사람은 총 3명이었다고 한다.

내가 강의하는 수업은 대부분 보조공학(Assistive Technology)에 관련된 것이다. 매 수업마다 나는 이론과 함께 실제로 학생들이 보조기기(하드웨어나 소프트웨어)를 사용해보게끔 실습을 진행하고 있다. 그리고 현재 온라인 강의나 하이브리드(hybrid: 강의실 수업과 온라인 수업 병행) 강의도 하고 있어, 온라인 강의에 사용되는 교육용 소프트웨어도 많이 사용하고 있다.

아무래도 강의에 이렇게 많은 테크놀로지를 접목시켜서 진행하기에, '기술과 교육' 분야 수상자로 뽑힌 모양이다. 특히 나는 보완대체의사소통기기(Augmentative and Alternative Communication〈이하 AAC〉)를 사용해서 강의를 하니, 나에겐 안성맞춤인 분야이기는 했다.

수상식은 기대했던 것보다 훨씬 더 큰 행사였다. 이번에 최고 교수상을 받는 7명 이외에 다른 상을 받는 교수 3명까지 그날 수상자는 총 10명이었는데, 150여 명 정도의 손님들이 식장을 가득 메웠다. 수상자 중 한 교수의 아버지는 멀리 이탈리아에서 왔다고 했다.

나는 마침 엄마가 미국에 방문 중이시라 영광의 순간을 함께할 수 있어 너무나도 행복했다. 비록 한국에 계신 아버지와 오빠와 동생이 참석하지 못해 안타까웠지만, 그래도 버지니아에 거주하시는 이모와 이종사촌 수정 언니, 그 외 많은 분들이 시간을 내어 축하하러 와주셔서 그 자리가 더 빛났다.

단상에 올라가서 상을 받은 후 자리로 돌아가는데 눈가에 눈물이 촉촉이 맺힌 채 앉아 계신 엄마의 모습이 내 눈에 클로즈업되었다. 나는 엄마에게 다가가 두 손으로 공손히 상을 바쳤고, 그 순간 청중들은 다시 한 번 박수를 보내주었다.

학장님이 소개했던 것처럼 나는 강의를 준비하는 데 동료 교수들에 비해 몇 배로 시간을 투자해야 한다. 강의 전에 내가 하고 싶은 말을 미리 텍스트로 만들어놓고 그 텍스트를 컴퓨터에 입력을 시켜야만, AAC가 나를 대신해서 말을 해주기 때문이다. 그 준비가 끝나고 난 뒤에도 내가 해야 할 일은 많이 남아 있다. 강의할 때 해야 할 말을 다 준비했는지, 컴퓨터에서 나오는 소리가 어떤 단어를 잘못 발음하지는 않는지, 철자가 틀린 건 없는지 점검하며 매번 혼자 완벽하게 리허설을 마쳐야만 비로소 수업 준비가 끝이 난다.

가끔 너무 피곤하고 시간이 없을 땐, '학생들이 수업 중에 작은 실수 정도는 이해해줄 테니 리허설을 하지 않고 그냥 대충 넘어갈까?' 하는 달콤한 유혹에 시달리기도 한다.

나는 학생들에게 현존하는 보조기기(Assistive Technology Device)와 교육에 사용되는 여러 가지 테크놀로지(소프트웨어나 하드웨어)를 가르쳐주어야 한다. 최근 테크놀로지는 하루가 다르게 발전하기 때문에, 나 역시 끊임없이 배우고 연구하여 새로운 지식을 쌓아나가지 않으면 안 된다. 물론 지식을 쌓는 것으로 끝나는 게 아니라, 그 지식을 완전히 내 것으로 만들어서 학생들에게 가르쳐야 한다.

그래서 새로운 테크놀로지가 나온 걸 알게 되면 미리 준비해놓은 강의도 다시 업데이트해야 하는데, 어떤 땐 '뭐 그냥 이번 학기는 넘어가고 다음 학기에 업데이트를 해도 되지 않을까?' 하고 안주하고 싶은 유혹에 빠지기도 한다.

하지만 나는 이러한 유혹들을 매번 안간힘을 쓰며 물리친다. 한 번쯤은 괜찮다고 나태해지기 시작하면 모르는 사이 습관이 되어 얼마 안 가서는 '그래, 이런 사소한 실수 따위는 신경 안 써도 돼' 이렇게 자기 합리화를 하게 될 것이라는 것을 알기 때문이다.

이렇게 한 수업, 한 수업 한결같이 최선을 다해 준비하면서 누구도 아닌 나 자신과 싸워나가야 했다. 매번 이러한 싸움이 벅차 힘에 겨울 때도 많았는데, 이런 훌륭한 상을 받게 되니 앞으로 남은 싸움도 반드시 이겨내야겠다고 다짐해본다.

'하늘은 스스로 돕는 자를 돕는다.'
'뜻이 있는 곳에 길이 있다.'

너무 흔해 간과하기 쉬운 이 두 명언의 의미를 나는 언제나 가슴에 새기고 있다. 그래서 누구든 꿈이 있다면 그 목표를 향해 도전해야 한다고 생각한다. 아무리 그것이 실현시키기 어려운 꿈이라 여겨지더라도.

"너는 공부를 잘하니 교수가 돼라"는 어린 시절 아버지의 말씀을 실현 가능성 제로의 헛된 꿈이라고 생각했던 적도 분명 있었지만, 나는 높은 목표를 향해 날마다 딱 한 걸음만 더 가보자 하는 마음으로 걸어왔다.

너무 힘들어 그 자리에 털썩 주저앉아 눈물을 흘리는 순간에도, 손 하나 까딱할 만큼의 힘도 남아 있지 않을 때에도 나는 절대 비관적일 수 없었다. 세상은 내가 스스로 긍정하고 믿는 만큼만 길을 터준다는 걸 경험으로 터득했기 때문이었다.

학기 강의를 마치고 강의 평가서를 받아보면 고맙게도 내 강의가 매우 만족스러웠다는 평가가 꽤 많이 있다. 학생들의 코멘트 가운데 나를 가장 기쁘게 한 말이 있다.

"정 교수님은 우리에게 보조공학을 가르치는 걸 좋아하며, 그건 눈으로도 충분히 확인이 가능하다. 그녀는 상상도 못 할 정도로 에너지가 넘치는 사람이다. 그리고 그녀의 에너지는 전염성이 강해 우리 역시 의욕 넘치게 만들었다."

무엇이든 끊임없이 노력하고, 간절히 원하면 이뤄진다고 부채질하는 나로 인해 학생들이 자기도 모르게 용기가 나고 의욕이 샘솟는다는 것이다.

긍정의 에너지는 정말 막강하고 전염성이 강해 긍정적인 사람 곁에 있으면 덩달아 유쾌한 '긍정 바이러스'에 전염이 되고 만다. 그래서 나는 항상 학생들에게 긍정의 에너지를 전해주는 사람이 되었으면 좋겠다고 생각해왔다. 그런데 그런 나의 의도가 학생들에게 정확히 전달되었다니 기쁘기도 하지만 일단 놀라움이 앞선다.

내 수업을 듣는 학생들 중에는 교사나 특수교육 교사들이 많다. 그 가운데 경력 있고 나이가 꽤 지긋하신 분들은 '컴퓨터' 소리만 들어도 알레르기 반응을 보이곤 한다. 그럴 때면 나는 '나도 할 수 있었으니 여러분도 할 수 있을 것이다'라는 말을 자주 한다.

"나는 학부 때 '소프트웨어'라는 말을 듣고는 '물렁한 컴퓨터도 있구나' 하고 생각했던 사람입니다. 보조공학을 전공하기 시작한 초창기에는 '인클루전(Inclusion)'이 '통합교육'을 의미하는지도 몰라서 리포트를 쓸 수가 없을 정도였어요. 그랬던 내가 지금은 무슨 일을 하고 있나요? 여러분, 제가 할 수 있었다면 여러분도 할 수 있습니다. 용기를 내서 도전하세요."

영화 〈포레스트 검프〉에는 이런 대사가 나온다.
"인생이란, 상자에 담긴 모양과 색깔이 서로 다른 초콜릿과도 같아요. 어떤 초콜릿이 걸릴지는 아무도 모르죠."
어떤 초콜릿이 주어질지 아무도 모른다면, 하필 나에게 왜 '불량 인생'이 왔을까 하며 울고 또 울었던 때도 있었다. 하지만 지금은 달라졌다. 만일 내게 새 초콜릿을 고를 기회가 주어진대도 나는 여전히 똑같은 초콜릿을 고를 것 같다. 내 인생이 '장애가 없는 정유선'이라는 초콜릿이었다면 나는 그저 그런 밋밋한 맛에 실망했을지도 모른다.

'뇌성마비 장애인 정유선'이라는 초콜릿은 생각 외로 달다. 그 초콜릿이 내게 온 덕분에 나는 더욱 강하고 긍정적인 사람이 되었고 겸손해질 수 있었다.

지금 여러분이 고른 초콜릿의 맛이 어떨지 나는 모른다. 다만 그 초콜릿에 '포기하지 않고 끝까지 하는 마음', '긍정의 마음'이라는 성분 함량이 높다면 꽤 달콤한 맛이 날 거라는 건 안다.

혼자 아파하지
않아도 된다

■ ■ ■

나는 운 좋은 사람

한 아이가 태어났다. 엄마는 화려한 조명이 비추는 무대 위에서 미니스커트를 입고 흥겹게 '울릉도 트위스트'를 부르던 이시스터즈의 멤버였고, 아버지는 경상도 사나이라 겉모습은 무뚝뚝해 보이지만 예술을 사랑하고 낭만을 즐기는 멋쟁이 건설 사업가였다. 아이는 그 집의 고명딸로서 부모님의 사랑과 귀여움을 독차지하며 좋은 환경에서 공부하고 건강하게 잘 자랄, 그런 운명을 타고난 듯했다. 어쩌면 부모님의 끼를 물려받아 가수가 될지도 모르는 일이었다. 문제될 건 아무것도 없어 보였다.

그런데 뭔가 이상했다. 아이가 두 돌이 지나도록 걷지를 못하는 것이었다. 말도 하지 못했다. 신생아 황달에 의한 '뇌성마비'였다.

어릴 때부터 아이는 고집이 셌다. 몸이 불편하니 안 해도 된다는 일도 굳이 하겠다고 나섰다. 잘 걷지도 못하고 발음도 불명확했지만 운동회 100미터 달리기부터 매스게임, 성당의 성탄절 연극에 이르기까지 뭐든 하고 싶어했다.

아이는 참을성도 강했다. 학년이 새로 바뀔 때마다 친구들이 흘깃대고 노골적으로 놀려댔지만 아이는 기다렸다. 머지않아 친구들이 자신을 좋은 친구로 인정해줄 거라고 믿고 있었기 때문이다.

아이는 초등학교 때부터 잠자는 시간을 줄여가며 열심히 공부했다. 다행히 노력한 만큼 결과도 좋았다. 공부는 지체장애나 언어장애가 큰 걸림돌이 되지 않는, 아이가 잘할 수 있는 유일한 분야였다.

공부를 잘해야 세상에 당당하게 설 수 있다는 아버지 말씀을 아이는 철석같이 믿었다. 그 덕분이었을까. 아이는 어른이 되어 한국인 뇌성마비 장애인 최초로 외국에서 박사 학위를 받았고, 미국 버지니아주 조지 메이슨 대학에서 학생들을 가르치는 교수가 되었다. 그리고 한 남자의 아내, 두 아이의 엄마도 되었다.

지금까지 얘기한 그 아이는 바로 나, 정유선이다.

태어난 지 9일째, 고열과 함께 심한 황달이 내 몸을 뒤덮었다고 한다. 부모님은 나를 안고 곧바로 병원으로 달려갔고, 나는 생애 첫 한 달을 입원실에서 보내야 했다. 한 달 후 열이 내리고 황달기가 모두 사라져 부모님은 안심하셨다. 부모님은, 아니 당시 나를 치료하던 소아과 전문의마저도 내 앞에 다가올 큰 시련에 대해 전혀 눈치채지 못했다.

나는 백일이 되어도 목을 가누지 못했다. 두 돌이 지나도록 걷지 못하고 말을 하지 못했다. 부모님은 나를 데리고 이 병원, 저 병원을 전전하셨다. 하지만 가는 곳마다 원인을 모르겠다는 말만 되풀이할 뿐이었다. 생후 2년 4개월째가 되어서야 정확한 병명을 들을 수 있었다.

신생아 황달로 인한 뇌성마비.

뇌성마비는 뇌 신경계의 손상으로 인해 발생한다. 뇌의 어느 부분이 손상되었느냐에 따라 장애 양상이 다르게 나타난다. 대개 운동 기능에 장애가 오고, 감각·언어·청각·지각장애를 동반하는 경우가 많다. 내 경우에는 다행히도 지능에는 별 문제가 없었다. 그러나 지체장애와 언어장애가 있다.

어렸을 때부터 재활 훈련을 꾸준히 해온 덕분에 이제는 혼자서 걸을 수 있고, 요리를 할 수 있고, 운전을 할 수도 있게 되었다. 그래도 여전히 남들이 보기에 행동이 부자연스럽고 실제로 불편한 건 사실이다. 특히 말할 때는 얼굴 근육이 심하게 긴장되고 수축되기 때문에 발음이 쉽지가 않다. 그나마 가깝고 편안한 상대와 우리말로 대화를 나눌 때는 좀 낫지만, 불편한 자리에서 이야기를 해야 한다거나 특히, 영어를 발음하는 건 여간 어려운 게 아니다. 그 때문에 유학 초기에는 너무 힘들어, 차라리 태어나지 않았으면 좋았을 거라는 못난 생각을 하기도 했다.

그런 내가 조지 메이슨 대학에서 학생들에게 영어로 강의를 하고 있으니 참 아이러니한 일이다. 물론 정확한 의사 전달을 위해서는 보완대체 의사소통기기의 도움을 받아야만 한다. 이 기기에 대해서는 뒤에 보다 자세하게 이야기할 기회가 있으리라.

'고백건대 나는 참 운이 좋은 사람이다.' 뇌성마비 장애인이 운이 좋다고 하면 아이러니하게 들릴 수도 있지만 실제로 그렇다.

먼저 가장 큰 행운은 부모님의 무한한 사랑과 지지를 받으며 자랄 수 있었다는 점이다. 내가 뇌성마비 장애 진단을 받은 그 순간부터 부모님은 세상에서 가장 강한 사람이 되기로 결심하셨다. 세상 사람들의 편견과 낯선 시선 속에서도 당당하고 떳떳하게 나를 키우셨고, 항상 내가 가장 잘할 수 있는 일을 하라고 격려하고 응원해주셨다.

당시만 해도 장애가 큰 흉이 되던 때였다. 장애아가 있는 집은 아이를 꽁꽁 숨겨놓은 채 밖에 데리고 다니지 않는 게 일반적이었다. 하지만 부모님은 달랐다. 어딜 가나 나를 데리고 다니셨다. 집 안에만 있으면 내성적이고 소극적인 성격이 된다면서 사람들과 어울릴 기회를 많이 만들어주려고 노력하셨다. 제대로 걷지도 못하고 말하지도 못했지만 나는 집 안에서나 밖에서나 부모님에게 항상 최고로 자랑스러운 딸이었다.

나를 최고의 동생, 최고의 누나라고 생각하는 오빠(정석영)와 남동생(정진영)을 둔 것 또한 내게는 큰 행운이다. 오빠와는 초등학교를 같이 다녔는데, 초등학교 때 나는 지금보다 걷는 게 더 부자연스러웠고, 말하기도 더 힘들었다. 그런 나를 오빠는 등하굣길에 손을 꼭 붙잡고 데리고 다녔다. 오빠와는 세 살 차이가 나니 내가 초등학교 1학년 때 오빠도 겨우 4학년 어린 나이였는데, 지금 생각하니 참 기특하다.

나와 다섯 살 터울인 남동생은 어릴 때부터 내 말을 아주 잘 듣는 착한 동생이었다. 동생이 초등학교 저학년 시절, 나에 대해 어떻게 생각할까 궁금해서 "누나가 다른 사람과 좀 다른 점이 있니?"라고 물은 적이 있다. 동생은 한 치의 망설임도 없이 바로 "아니, 똑같은데"라고 답했다. 그때 동생의 확신에 찬 눈빛과 목소리가 지금도 내 가슴속에 남아 있다.

그리고 든든한 남편과 보석같이 빛나는 내 두 아이들! 이들은 하느님이 내게 주신 가장 큰 선물이다. 지금의 나를 있게 한 원동력이자 버팀목, 내 행복의 근원이 모두 이들이다.

떠오르는 사람들이 또 있다. 학창 시절 단짝 친구들, 선생님들, 그리고 유학 와서 인연을 맺은 많은 사람들……. 이 중 내 인생에서 특히 빼놓을 수 없는 분이 한 분 계시다. 바로 나의 지도교수, 마이크 베르만 박사님이다. 이분은 내게 강의를 해보라고 적극 추천해주셨다. 교수님이 이런 엄청난 기회를 주지 않으셨다면, 미국 대학에서 교수가 된 지금의 나는 없었으리라.

이렇게 나는 자타가 공인하는 인복 많고 운 좋은 사람이다. 내가 평소에 만나는 사람 하나 하나가 내 인생에서 중요한 역할을 해주고 있으니 말이다. 돌이켜보면 내 인생에는 항상 적시 적소에 귀인이 나타나준 것 같다.

내가 힘들고 괴로울 때마다 나는 혼자가 아니었다. 이들과 함께할 수 있어서 어떤 역경이나 고난도 이겨내고 앞으로 나아갈 수 있었다.

이제는 내가 그들에게 역경이나 고난이 닥칠 때 든든한 버팀목이 되고 싶다. 그리고 그들에게 받은 사랑과 배려를 다른 사람들에게도 나누어주며 살아가고 싶다.

당신이 꼭 어떤 사람이 되어야만
사랑받는 건 아니다

. . .

엄마에게 난 '뻔순이' 딸

입학식을 마치고 들어간 교실 안에는 꽃처럼 예쁜 아이들이 모여 있었다. 가을볕에 잘 익은 홍시처럼 상기된 빨간 볼, 선생님 질문에 대답하는 또랑또랑한 목소리들……. 하지만 그런 건강하고 활기찬 아이들을 바라보는 내 마음은 안타깝기만 했다. 우리 유선이도 저렇게 건강하다면 얼마나 좋을까. 머리끝부터 발끝까지 건강한 그 아이들이 너무도 부러웠다.

그때였다. "이번에는 누가 자기소개를 해볼까?" 하는 선생님 말씀에 유선이가 손을 번쩍 들었다.

'안 돼, 유선아. 넌 안 돼!'

마음속으로 부르짖었지만 막을 도리가 없었다.

유선이가 휘청거리며 자리에서 일어나 몇 걸음 내딛자 교실 뒤의 학부모들이 술렁이기 시작했다. 유선이의 다리는 마치 고무로 만들어진 것처럼 힘이 없었다. 아니나 다를까, 서너 발자국도 못 떼고 그 자리에 주저앉았다. 그래도 유선이는 포기하지 않았다. 아무 일도 없었다는 듯 다시 일어나 교단을 향해 또 걸음을 옮겼다.

나는 차마 그 모습을 볼 수가 없어 눈을 질끈 감아버렸다. 당장이라도 유선이를 안아서는 집으로 도망가고 싶었지만 이상하게도 몸이 굳어 꼼짝도 할 수가 없었다.

몇 번이나 넘어지며 간신히 교단에 이른 유선이가 일그러진 얼굴로 열심히 자기소개를 하기 시작했다. 하지만 유선이가 하는 말을 알아듣는 사람은 아무도 없었다. 천천히 아주 열심히 자기소개를 마친 유선이가 노래를 부르기 시작하자, 교실 여기저기에서 킥킥 웃음소리가 들려왔다. 저희들끼리 눈짓을 주고받으며 숨죽여 웃던 아이들은 유선이의 노래가 절정에 이르자 배를 잡고 웃어댔다.

당황한 담임선생님이 입술에 손가락을 갖다대며 분위기를 진정시키려 했지만 이미 웃음보가 터진 아이들을 가라앉히기에는 역부족이었다.

하나밖에 없는 소중한 내 딸, 세상 무엇을 준대도 바꾸지 않을 내 딸이 50명이 넘는 아이들의 놀림감이 된 채 교단에 서서 노래를 부르고 있었다. 그때 내 심정을 어떻게 표현할 수 있을까. 아프다거나 비참하다거나 하는 말만으로는 다 설명이 안 된다. 당장 교단으로 뛰어가 유선이를 부둥켜안고 함께 울어버리고만 싶었다.

하지만 유선이는 이 못난 어미보다 훨씬 훌륭했다. 와자지껄 소란스러운 와중에도 노래를 끝까지 마치고, 교단으로 나올 때처럼 넘어지고 휘청거리며 다시 자기 자리로 돌아가 앉았다. 그러고는 책상에 엎드린 채 엉엉 소리를 내어 울고 말았다.

나는 더 이상 참지 못하고 교실을 뛰쳐나갔다. 그리고 뒤뜰에서 가슴을 쥐어뜯으며 눈물을 흘렸다.

'이제껏 남들에게 손톱만큼의 해코지도 하지 않고 살아왔는데 우리 유선이가 왜 이런 일을 겪어야 하나…….'

풍금 소리와 아이들의 노랫소리가 나지막하게 들려오는 그곳에서 나는 처음으로 하늘을 원망하며 울고 또 울었다.

이 글은 엄마가 직접 쓰신 수필, 〈회상〉의 일부분이다. 내가 초등학교에 입학한 첫날 있었던 일을 쓰신 것인데, 이 글로 모 생활수기대회에서 수상을 하셨다고 한다.

지금도 엄마는 그때 일을 종종 떠올리시며 눈물짓곤 하신다. 일그러진 얼굴로 할 말 다하고 노래까지 부르는 '뻔순이' 딸 때문에 입학식 날부터 가슴이 찢어질 만큼 아팠다고 하시며…….

물론 그날의 일은 내 기억에도 생생하게 남아 있다. 나는 그저 초등학생이 된 게 마냥 신기하고 좋았다. 그래서 친구들이 나를 어떻게 볼지 전혀 예상하지 못했다. "자기 소개해볼 사람?" 하는 선생님 말씀에 당당히 손을 들고 일어났다. 그러고는 교단으로 올라가 "나는 정유선입니다"라고 소개를 했다. 그뿐만 아니라 노래까지 불렀다. 음정, 박자는 둘째 치고 가사조차 제대로 발음하지 못하면서 어디서 그런 용기가 났는지 지금도 신기하기만 하다.

당시에는 열심히 자기소개를 한 나를 향해 웃는 아이들이 야속하고 그 상황이 슬프다는 생각뿐이었는데, 그런 내 모습을 지켜보는 엄마의 마음이 얼마나 쓰리고 아팠을지 이제는 안다. 그리고 지금까지 얼마나 많은 순간순간을 나보다 더 아파하셨는지도 안다.

엄마는 내가 하는 말을 가장 잘 알아들으시는 분이자, 말하지 않아도 눈빛만으로 내 마음을 알아채는 유일한 분이기도 하다. 그러다 보니 늘 나 때문에 눈물을 훔치셔야 했다. 내가 아무리 내색하지 않으려 해도 딸내미가 힘들고 아프다는 걸 금세 알아보셨기 때문이다.

사춘기가 되면서 나는 더 이상 엄마 앞에서 울지 않았다. 하지만 그렇게 뒤에서 몰래 눈물을 흘리는 건 나뿐이 아니었다. 엄마는 그런 내 심정을 헤아리고는 늘 마음으로 우셨다.

어린 시절 나는 친구가 없었다. 골목길에서 아이들이 뛰노는 소리가 들려오면 하염없이 창밖만 내다보고 있었다. 나도 그 무리에 끼고 싶어 안달이 났지만, 제대로 걷지도 못하는 나를 놀이에 끼워줄 친구는 없었다. 그런 날이면 엄마는 나를 무릎 위에 끌어당겨 앉히고는 동화책을 읽어주셨다.

엄마의 다정한 목소리를 따라 동화책을 한 줄 한 줄 읽어 내려가노라면 창문 밖 친구들쯤은 까맣게 잊어버릴 수 있었다. 엄마가 읽어주시는 전래 동화나 이솝우화, 명작 동화들에는 유독 호랑이가 많이 등장했다. 엄마가 흉내 내는 호랑이는 어찌나 그럴듯하고 실감이 나던지 너무 무서워서 울음을 터뜨린 적이 많았다.

엄마는 1960년대부터 70년대 초에 이르기까지 최고의 인기를 누렸던 여성 트리오 '이시스터즈'의 멤버였다. 지금까지도 많은 사람들이 알고 있는 '울릉도 트위스트'를 비롯해 '서울의 아가씨', '남성 금지 구역', '목석같은 사나이' 등 수많은 히트곡이 바로 우리 엄마 김희선 씨가 부른 노래다. 당시 '이시스터즈' 멤버들은 결혼과 임신, 출산을 거치면서도 왕성한 활동을 이어가고 있었다. 엄마 역시 오빠와 나를 낳은 이후에도 계속 가수 활동을 하셨지만, 내가 뇌성마비 진단을 받은 직후인 1973년에 은퇴하셨다. 나를 위해 엄마의 역할에만 충실하기로 결심하셨던 것이다.

그때부터 엄마의 헌신은 시작되었다. 뇌성마비에 좋다는 것은 무엇이든지 시도해볼 작정으로 앉은뱅이도 고친다는 산골짜기 도사를 찾아가 주문을 외고, 부적 위로 자동차 바퀴가 지나가야 효험이 있다고 해서 한밤중 도로변에 부적을 올려두고는 가슴을 졸여가며 지켜보기도 했다. 용하다는 한의사에게 나를 데리고 가서 머리에서 발끝까지 빼곡하게 침을 맞힌 적도 있다.

내 치료를 위해 이리저리 동분서주하는 엄마에게 할머니는 농담 반, 진담 반으로 이렇게 말씀하셨다고 한다.

"거 유선이 뒷바라지하는 돈 다 모았으면 63빌딩을 세웠겠다."

당시 엄마는 정말 지푸라기라도 잡고 싶은 심정이셨을 것이다. 차라리 수술로 고칠 수 있는 병이라면 어떻게든 수술이라도 받게 하겠는데, 그마저도 안 된다니 미신의 힘이라도 빌리고 싶은 간절함이 있었을 것이다.

부족한 딸 때문에 꿈을 포기하셨던 엄마는 수많은 팬 대신 나 하나를 앉혀놓고 공연을 하셨다. 미니스커트를 입고 '울릉도 트위스트'를 부르는 대신 앞치마를 두르고 〈해님 달님〉 동화 구연을 하신 것이다. 내게 책을 하도 많이 읽어주시다 보니 내용을 줄줄 외셨고 그러다 보니 단순히 책을 읽어주는 게 아니라, 내 눈을 마주보며 표정 연기까지 하시면서 아주 맛깔나게 이야기를 들려주시게 됐다.

엄마의 동화 구연 실력은 1977년 색동회 주최 '전국 어머니 동화 구연 대회'에서 은상을 수상하는 것으로 증명되었다. 그 일을 계기로 엄마는 지금까지 동화 구연가로 활동하고 계신다. 색동어머니회 5대 회장을 역임하기도 하셨던 엄마는 고희를 훌쩍 넘긴 나이에도 고아 원과 어린이 도서관, 재활원, 소아 병동, 문화 소외 지역 등을 찾아다 니며 동화를 들려주고 계신다.

친구가 없던 딸을 위해 시작한 동화 구연으로 현재까지도 제2의 보람된 인생을 살고 계시지만, 엄마의 젊은 시절 사진을 보면 여전히 나는 마음이 아프다.

딸의 뒷바라지를 위해 꿈을 포기해야 했던 엄마, 그 헌신과 희생 이 없었다면 지금의 나, 정유선이 과연 있기나 했을까.

사람들은 결혼해서 아이를 가져봐야 비로소 부모님의 깊은 사랑을 이해한다고들 한다. 결혼해서 내 아이들을 키워가며, 부모님께서 그 동안 나에게 헌신했던 시간과 노력들을 생각하면, 나는 부모님께서 주셨던 사랑의 100분의 1도 따라갈 수 없음을 느낀다.

아이들이 조금만 열이 나도, 작은 기침 소리만 내도, 넘어져 무릎 에 피가 살짝 비치기만 해도 너무 안쓰러워 차라리 내가 대신 아파줬 으면 하는 생각을 한다. 그럴 때마다 나는 부모님 생각에 한 번 더 눈물짓는다. 겨우 생후 9일부터 병원에 입원시켜야 했던 딸, 걷다가 넘어지기를 무한 반복해서 무릎에 늘 커다란 반창고를 달고 살았던 딸, 아직도 크고 작은 근육통에 시달리는 딸, 그런 딸의 목과 어깨를 지금도 주물러주는 부모님의 마음을 내가 감히 안다고 할 수 있을까…….

내 아이들 하빈이와 예빈이가 무럭무럭 커갈수록, 그 세월만큼 점점 연로해져가는 부모님의 모습을 보며 마음이 아파오는 나는, 마흔 중반 아줌마가 된 지금도 계속해서 철이 들어가는 과정을 밟고 있는가 보다.

나는 가끔 엄마와 전생에 부부가 아니었을까, 라는 생각을 해보곤 한다. 지금도 엄마는 내 마음을 읽어내고 내가 '어떤 일을 해야 하는데' 하고 있으면 벌써 하고 계신 경우가 많다. 또 반대로 엄마는 오히려 자신이 '무슨 일을 해야지' 생각하면 내가 벌써 그 일을 하고 있어 신기하다고 하신다.

엄마가 미국 우리 집에 방문하시면 함께 주방에서 일을 할 때가 많다. 그럴 때면 우리는 계란 지단을 부치려고 동시에 계란을 깨서 휘휘 젓고 있는 서로를 발견하고 놀라 주방이 떠나갈 듯이 깔깔거리고 웃곤 한다. 너무나도 행복한 웃음, 그 웃음을 영원토록 함께하고 싶다.

내 안의 작은 목소리에
귀 기울여야 한다

■ ■ ■

'하고 싶은 일을 하라', 내 인생을 바꾼 한마디

초등학교 입학식 때 자기소개를 하다 아이들의 놀림을 받은 후유증은 생각보다 꽤 오래갔다. 대인공포증이 생길 정도까지는 아니지만, 그날 이후로 여러 사람들 앞에서 이야기하거나 발표하는 것은 꿈도 꾸지 못하게 되었으니 나름 심각한 후유증인 셈이었다.

사실 내 발음이 어눌하고 명확하지 않긴 해도 지금은 사석에서 이런저런 수다를 떨기에는 큰 어려움이 없다고 생각한다. 언어치료를 어릴 때부터 꾸준히 받으며, 촛불 끄기, 소리 내어 책읽기 등을 게을리하지 않고 피나는 노력을 기울인 결과다.

그런데 흥분하거나 긴장했을 때, 여러 사람을 상대로 발표하거나 격식을 차려 이야기해야 할 때는 이런 노력들도 별 효과가 없다. 마음속에서는 하고 싶은 말들이 소용돌이 쳐도 입 밖으로는 단 한마디도 나오지 않는다. 그렇게 안 나오는 말을 억지로 할라치면 얼굴이 심하게 일그러지고 온몸의 신경과 근육이 모두 딱딱하게 경직되곤 한다.

학창 시절 나는 수업 시간에 그런 모습을 친구들에게 보이기 싫어 항상 과묵한 아이가 될 수밖에 없었다. 친구들이 선생님의 질문에 손을 번쩍 들고 또랑또랑하게 대답할 때, 나는 답을 알고 있어도 발표하지 못하는 안타까운 마음으로 자존심을 꾹꾹 누른 채, 고개를 푹 숙이고 묵묵히 교과서만 보고 앉아 있었다.

초등학교 3학년 때인가. 한번은 선생님의 질문에 무심코 혼잣말로 "결합법칙"이라고 대답을 했는데, 그날따라 발음이 아주 또렷하게 나왔다. 그 순간 선생님께서 내 작은 목소리를 용케 알아들으시고는 기쁜 마음에 일어나 다시 한 번 말해보라고 기회를 주셨다.

그런데 정말 미칠 노릇이었다. 혼잣말을 할 때는 그렇게 또렷하게 발음이 되더니, 막상 일어나 발표를 하려니 죽어도 '결'이라는 단어가 입 밖으로 나오지 않는 것이었다. 사실 지금도 'ㄱ'으로 시작되는 말은 발음하기가 힘들다. "ㄱ ㄱ ㄱ 그 그 그……" 하고 첫 음절만 수십 차례 더듬거리던 나는 결국 그냥 고개를 푹 숙이고 자리에 주저앉고 말았다.

사정이 그렇다 보니 선생님들에게 나는 '발표 열외' 학생이었다. 책을 읽게 하거나 발표를 시킬 때 나를 호명하는 선생님은 단 한 분도 안 계셨다. 이름 대신 번호로 발표를 시키는 선생님들이 가끔 내 번호를 부르는 일은 있었다. 하지만 그럴 때도 선생님을 향해 못 하겠다는 신호로 고개를 흔들어 보이면 곧바로 다른 번호를 부르곤 하셨다.

선생님들의 이런 배려 아닌 배려가 때로는 서운했다. 나도 다른 친구들처럼 자리에서 일어나 또박또박 책을 읽고 싶다는 바람, 선생님의 질문에 똑 부러지게 대답하고 싶다는 욕망이 있었다. 선생님 가운데 한 분이라도 내게 기회를 주신다면 한 번쯤은 도전해볼 만도 한데…… 말을 심하게 더듬는 현상은 몇 분만 지나면 사라질 텐데 그 잠깐 동안만 기다려주신다면 얼마나 좋을까.

그런데 이런 내 마음을 마치 독심술이라도 하듯 꿰뚫어 보신 분이 계셨다.

고등학교 2학년 국어 시간에 있었던 일이다. 당시 신현숙 국어 선생님은 체구는 작으셔도 강단 있게 학생들을 지도하는 분이셨다. 그날은 시에 대해 배우고 있었다. 어떤 시였는지 기억은 못하지만, 선생님께서는 우리들에게 최대한 감정을 실어 여러 번 낭독해보라고 시키셨다. 나는 친구들과 리듬을 맞춰가며 열심히 시를 읽어 내려갔다. 다른 사람 앞에서 혼자 입을 열어야 하는 경우만 아니라면 더듬지 않고도 제법 잘 읽을 수 있다.

그렇게 여러 번 시를 낭독하게 하신 선생님은 한 사람씩 일어나서 해보자고 하셨다. 시를 낭독하는 건 아무래도 책 읽는 것보다 더 쑥스럽고 어색한 일이어서 다들 긴장한 기색이 역력했다. 하지만 나는 느긋하기만 했다. 이제까지 줄곧 '책을 읽지 않는 아이'였으니 선생님이 나를 지목하실 일은 없을 거라고 생각했기 때문이었다. 하지만 나의 예상은 빗나갔다.

"유선이가 일어나서 한번 읽어보자."

순간 나는 내 귀를 의심했다. 놀란 건 나뿐만이 아니었다. 친구들도 모두 눈이 휘둥그레졌다. 평소 같았으면 나는 못 하겠다는 뜻으로 선생님께 고개를 흔들어 보였을 것이다. 하지만 그날만큼은 선생님의 눈빛이 예사롭지 않았다. 아마도 단단히 작정하고 나를 호명하신 듯했다. 선생님의 뜻을 확인한 나는 용기를 내어 자리에서 일어났다.

그토록 바라던 기회가 찾아왔고, 더 이상은 도망가고 싶지 않았다. 이번에도 실패하면 실망할지 모르지만, 시도하지 않으면 아무것도 할 수 없으리라.

나는 더듬더듬 천천히 시를 읽어 내려가기 시작했다. 그 이후의 일들은 자세히 기억이 나지 않는다. 내가 얼마나 말을 더듬었는지, 시

한 편을 읽는 데 시간이 얼마나 걸렸는지, 정말로 잘 모르겠다. 기억나는 거라곤 수업 종이 울리자, 누군가 빨대로 내 기운을 빨아들이기라도 한 듯 온몸의 기운이 순식간에 쫙 빠져나가더니 가슴 깊은 곳에서 울음이 터져 나왔다는 것이다. 난 책상에 엎드려 울기 시작했다. 펑펑 울면서도 내가 도대체 왜 우는지 모르겠는 당황스러운 눈물이었다.

그날 나는 왜 눈물을 흘렸던 것일까. 지금 생각하면 여러 가지 이유가 복합적으로 작용했던 것 같다. 평소 너무도 절실하게 하고 싶었지만 꿈에서조차 해보지 못한 일을 드디어 하게 되어서, 그리고 기회를 주신 선생님께 참 감사해서, 하지만 그게 내 뜻대로 잘 되지 않아서 울음이 나왔으리라.

엎드려 울고 있던 그날의 나를 그림으로 그려 선물해준 친구가 있었다. 평소 친하게 지내던 아이도 아니었는데 그림까지 그려서 준 걸 보면, 나뿐만 아니라 다른 친구들에게도 그날의 일은 꽤 놀랍고 인상 깊은 사건이었나 보다.

그로부터 며칠 후, 나는 그날의 솔직한 심정과 감사하는 마음을 담아 신현숙 선생님께 편지를 드렸고, 선생님께서도 곧바로 답장을 주셨다.

나는 그날까지 얼마나 생각하고 또 생각했는지 모른단다. 며칠을 두고
망설이다가 그날은 단단히 결심을 하고 수업에 들어갔다. 하지만 무심한 너의 얼
굴을 바라보고는 또 마음이 흔들려서 마지막 순간에 그냥 지나갈 뻔했다. 그러나
이렇게 우유부단한 나 자신에 대한 분노에서 힘을 내어 너의 이름을 부른 것이다.
네가 일어나서 한 자 한 자 정성들여 읽어가는 동안 가슴이 먹먹해지고 눈물이 솟
아 넘쳐 그걸 참느라고 애를 먹었다. 네가 혼자 힘으로 다 읽고 앉는 것을 보고 나
는 칠판을 향해 돌아서지 않을 수 없었단다. 지금도 책을 읽는 도중에 내가 도와주
려는 것을 뿌리치고 혼자 해내려고 하던 네 집요한 표정을 생각하면 절로 눈물이
나는구나.
유선아, 나는 다만 너에게 용기를 주고 싶었다. 자신감과 기쁨을 주고 싶었다.

나는 그날 선생님께서 벼르고 별렀던 일을 큰 용기를 내서 실천에
옮기셨다는 것을 알고 정말 놀랐다. 신현숙 선생님을 평소에 좋아하
고는 있었지만, 이렇게까지 내게 신경을 써오셨다는 것은 전혀 생각
지 못했었기에 오히려 죄송한 마음이 들었다.

힘과 용기를 북돋워주는 선생님의 편지글 안에서도 가장 가슴에
와 닿았던 글귀를 나는 아직도 깊이 가슴에 새기고 있다.

'유선아, 누가 네게 뭐라고 하든 신경 쓰지 말고, 너 하고 싶은 일
을 당당히 하거라.'

그 글귀를 읽는데 나도 모르게 눈물이 툭 떨어졌다.

그동안 나는 다른 사람의 시선을 무척 의식하며 살아왔다. 일그러진 얼굴, 실룩거리는 입매, 비틀거리는 걸음걸이, 서툰 젓가락질 등 내 일거수일투족에 다른 사람들의 시선이 따라붙는다고 생각했기 때문이다. 그래서 나 자신의 욕구에 솔직해질 수가 없었다.

수업 시간에 여러 친구들 앞에서 책을 읽는 일도 그랬다. 잔뜩 긴장해서 일그러진 내 얼굴이 친구들 눈에 얼마나 우스워 보일까, 더듬거리는 소리 때문에 짜증이 나는 아이도 있겠지, '네 주제에 무슨 발표야. 그냥 조용히 앉아 있는 게 도와주는 거지' 하고 생각하는 친구도 있지 않을까…….

너무나 하고 싶은 일이었지만 남들이 나를 어떻게 볼까가 두려워 시도조차 하지 않으려 했던 것이다.

학교생활 10년 만에 처음으로 친구들 앞에서 시 한 편을 읽고 나서 나는 많은 생각에 잠겼다. 선생님 말씀처럼 이제는 남들이 뭐라고 하든 신경 쓰지 않고 내가 원하고 바라는 일을 당당하게 할 수 있는 사람이 되고 싶었다. 남들처럼 내게도 인생은 단 한 번뿐인데, 주변의 시선에 신경 쓰느라 내가 하고자 하는 일을 포기하는 건 너무 어리석은 일이라는 생각이 들었다.

심리학적으로 보면 자기 욕구에 솔직하지 못한 사람은 타인의 기대에만 충실하게 되기 쉽다고 한다. 만일 내가 '장애인이 어떻게 감히'라는 시선에 굴복했다면 어떻게 되었을까. 말도 제대로 못 하는 뇌성마비 장애인이 어떻게 교수를 할 수 있느냐는 세상의 시선에 백기를 들었다면 아마도 오늘날의 나, 정유선으로 사는 건 불가능했을 것이다. 세상이 장애인에게 쌓은 편견의 벽에 갇혀 소중한 기회들을 잃은 채 살았을 것이다.

다른 사람의 시선과 상관없이 자신이 하고자 하는 일을 당당히 하라는 말은 나와 같은 장애인들에게만 해당되는 것이 아니리라. 미국 토크쇼의 여왕이자 이 시대 가장 성공한 여성으로 꼽히는 오프라 윈프리만 해도 '흑인 주제에, 미혼모가 감히, 뚱뚱한 여자가 어떻게' 하는 보수적인 시선들과 치열하게 맞서 싸운 끝에 오늘에 이를 수 있었다.

우리 주변에는 수많은 편견이 존재한다. 여자니까, 못생겼으니까, 키가 작으니까, 가방 끈이 짧으니까, 가난하니까, 아줌마니까, ○○ 출신이니까 안 된다는 수많은 금지 조항들, 그 촘촘한 편견의 그물에서 자유로운 사람은 없을 것이다. 하지만 내가 해보니 그 그물에서 벗어나기가 그리 어려운 건 아니었다.

다른 사람들의 시선에 앞서 내가 무엇을 원하는지, 그걸 위해 어떻게 해야 하는지에 집중하면 된다.

'누가 뭐라고 하든 신경 쓰지 말고, 네가 하고 싶은 일을 당당히 하거라.' 그 말 한마디가 내 인생을 바꾸어놓았다. 이제는 내가 누군가에게 이 말을 전해주고 싶다.

뇌성마비 장애인 정유선이 한 일이면 당신도 할 수 있다. 다른 사람의 시선과 편견에서 과감하게 자유로워지자. 그리고 하루에 단 한 번이라도 내 안의 작은 목소리에 귀를 기울여보자. 삶에 대한 해답은 생각보다 가까이에 있으니까.

당신 가까이에
든든한 지원군이 있다

■ ■ ■

넌 이상한 사람이 아니잖아

　새 학년 첫날의 등굣길은 늘 멀고도 아득했다. 항상 다니던 길이지만 발걸음이 유난히 무거웠다. 그나마 초등학교 시절에는 나은 편이었다. 한 학년에 반이 세 개밖에 되지 않는 단출한 학교라 전교생이 나라는 아이에 대해 잘 알았고, 특별히 호기심을 보이거나 이상하게 생각하는 아이들도 없었기 때문이다. 하지만 중학교에 들어가자 모든 게 달라졌다. 중학교에 처음 등교하던 날은 아직까지도 잊히지 않는다.

　1학년 2반에 아주 '신기한 아이'가 하나 들어왔다고 전교에 소문이 났다. 그 바람에 쉬는 시간이면 우리 반 복도는 인산인해를 이루었다. 지금이야 내 키가 평균 정도는 되지만, 당시만 해도 반에서 작은 순서로 따지자면 세 번째나 네 번째로 작은 편이라 교실 맨 앞자리에 앉았다. 하필이면 내가 앉은 자리는 복도 쪽으로 난 조그만 창을 통해 매우 잘 보이는 위치라, 쉬는 시간이나 점심시간에는 그야말로 '동물원의 원숭이'가 되어야 했다. 다른 반 아이들은 물론이고 선배들까지도 내가 밥 먹는 모습을 보며 킥킥거렸다. 내 흉내를 내며 키득거리는 아이들도 있었다. 그런 어수선한 분위기 속에서 나는 묵묵하게 밥을 씹어 삼켰다. 밥알이 모래알 같았다.

아이들만이 아니었다. 선생님들조차 수업에 들어와 나를 처음 발견하시면 으레 말씀을 못 잇곤 하셨다. '얜 도대체 여기 왜 앉아 있는 거야?' 하는 선생님의 눈초리가 나를 훑는 순간이면 거북이처럼 등껍질이라도 있어서 숨어버렸으면 좋겠다는 생각이 절로 들었다.

한번은 새 학년이 되어 번호를 정하기 위해 반 아이들이 모두 복도에 나가 키 순서대로 줄을 섰다. 나는 앞에서 네 번째였다. 선생님이 앞에서부터 번호를 외치라고 하셨다. 일, 이, 삼. 내 앞에 선 아이들이 차례대로 번호를 외치는 소리가 들려오고 드디어 내 차례가 왔다. 나는 최선을 다해 또렷한 발음으로 "사"라고 외쳤다. 아니, 또렷하게 외쳤다고 생각했다. 하지만 그 순간 흐르는 5초간의 정적……. 나를 바라보며 당황하는 선생님의 눈빛과 마주치자 나도 모르게 등에 소름이 돋았다.

새로운 환경, 새로운 사람을 만나는 것은 언제나 내게 이렇게 힘들고 벅찬 일이었다.

우리나라도 이제는 장애인에 대한 인식이 많이 달라졌지만, 내가 유학을 떠나기 전만 해도 그렇지가 못했다. 길을 걸을 때면 행인들의 시선이 일제히 내게 쏠리곤 했다. 노골적으로 신기해 하거나 혐오스럽다는 시선을 보내는 사람도 많았다. 초등학생은 물론이고 심지어 20대 청년까지 내 걸음걸이를 흉내 내며 뒤를 따라온 적도 있었다.

어린 시절부터 주변의 이런 반응에 익숙해지고 단련된 나였지만 나라고 왜 속상한 적이 없었을까. 마음에 딱딱하게 딱지가 앉아 더 이상 상처 받을 일이 없을 것 같아도 사람들의 시선은 언제나 상처로 다가왔고, 그럴 때마다 나는 항상 아팠다. 감수성이 예민한 고등학생 때는 더 말할 것도 없었다.

하루는 학교 매점에서 친구들과 군것질을 하며 수다를 떨고 있을 때였다. 키도 크고 얼굴도 예뻐 스튜어디스가 되고 싶어했던 미자와 나의 분신이 되어주겠다던 친구 정숙이와 함께였다. 절친한 친구들과 함께 있으니 평소보다 목소리도 커지고 활기에 차 있었던 것 같다. 한참 신나게 이야기를 하고 있는데 바로 옆 테이블에서 킥킥하는 웃음소리가 들려왔다. 돌아보았더니 한 무리의 아이들이 내가 말하고 먹는 모양을 흉내 내며 자기들끼리 깔깔대고 있었다. 평소 같으면 이 정도야 어릴 때부터 늘 겪어왔던 일이라 의연하게 넘길 수도 있었지만 그날만큼은 그게 잘 되지 않았다.

순간적으로 자리를 박차고 일어난 나는 친구들이 부르는 소리를 뒤로하고 운동장으로 비틀비틀 달려갔다. 그러고는 주저앉아 무릎에 얼굴을 묻고 펑펑 울어버렸다. 다른 친구들처럼 자연스럽게 말하고 웃고 움직일 수만 있다면, 단 하루라도 그렇게 될 수 있다면 내 모든 걸 바쳐도 좋다는 생각이 들었다. 하지만 그것은 내가 가진 모든 걸 바쳐도 결코 이루어질 수 없는 소망이었다.

언제나 사람들로 인해 상처 받고 속으로 아파하던 내가 조금씩 달라지기 시작한 건 조지 메이슨 대학의 영작문 교수님 덕분이었다.

어학연수 과정을 마치고, 조지 메이슨 대학에 정식으로 입학한 첫 학기에 있었던 일이다. 당시 나는 그야말로 전쟁과도 같은 하루하루를 보내고 있었다. 컴퓨터를 켜고 끌 줄도 몰랐던 내가 컴퓨터 공학을 전공으로 택했으니 어쩌면 너무나 당연한 결과였다. 영어에는 서툴지만 수학에는 자신이 있다는 단순한 이유로 시작한 컴퓨터 공학은 역시 만만한 분야가 아니었다. 컴퓨터 앞에서 며칠 밤을 꼬박 새워도 다른 친구들을 따라잡을 수 없다는 자괴감이 나를 괴롭혔다.

그 와중에 나를 더욱 힘들게 하는 수업이 있었으니 바로 영작문이었다. 워낙 영어가 서툴던 시기이기도 했고, 무엇보다도 이 수업을 아침 7시 30분에, 그것도 일주일에 세 번이나 들어야 한다는 게 문제였다. 새벽 2, 3시까지 컴퓨터 프로그램과 씨름하던 내가 이 수업에 들어가려면 거의 초인적인 힘을 발휘해야 했다.

그러던 어느 날 영작문 교수님이 날 호출하셨다. 불안하고 초조한 마음으로 교수실 문을 두드렸다. 교수님께서는 내가 그 전날 제출했던 장애에 관한 에세이를 책상 위에 펼쳐놓고 계셨다. '내가 뭘 잘못 썼을까, 어떤 표현을 잘못했을까' 하면서 마음을 졸이고 있는데, 교수님께서 에세이의 한 대목을 손가락으로 가리키셨다.

장애가 없는 사람들, 즉 비장애인을 '보통 사람들(normal people)' 이라고 지칭한 대목이었다. 어리둥절한 표정으로 교수님을 바라보니, 이렇게 말씀하셨다.

"유선, 장애가 없는 사람들을 '보통 사람들'이라고 표현하지 말아야지. 이런 식으로 한다면 너처럼 장애가 있는 사람은 뭐라고 불러? '보통'의 반대말은 '이상한(abnormal)' 사람인데 너는 이상한 사람이 아니잖아?"

그 순간 무언가 둔중한 것이 내 머리를 내려치는 듯한 느낌이 들었다. 교수님 말씀이 맞았다.

나는 '이상한 사람'이 아니다. 하지만 그동안 나는 자신을 '이상한 사람'이라고 생각해왔던 건 아닐까.

세상이 나를 이상한 사람 취급한다며 울었지만 사실은 나 자신이 그렇게 생각해왔던 건 아닐까.

영작문 교수님과의 일대일 면담 이후 세상이 조금씩 달리 보이기 시작했다.

돌아보면 세상이 내게 노골적인 호기심과 동정, 혐오의 시선만 던진 것은 아니었다. 고무줄 하나 잘 넘지 못하는 나를 늘 놀이에 끼어주었던 골목 친구들. 나와 함께 울고 웃어주었던 학창 시절 단짝 친구들. 따뜻하게 어깨를 다독여주시던 선생님들. 유학 시절 공부를 따라가기 힘들어하던 내게 "너무 걱정하지 마. 비록 네가 천천히 가고 있지만 학기가 지나면 차차 네 실력이 드러날 거야. 넌 다른 미국 학생들을 따라잡을 수 있을 뿐만 아니라, 그네들이 따라오지 못할 정도로 아주 멀고 높은 곳에 가 있을 거야. 느리지만 목표를 이룬 거북이처럼 말이야"라고 보약 열 첩보다 더 강력한 마음의 치유 약을 선물해준 소피아 언니. 그리고 장애를 가진 딸을 늘 당당하게 생각하고 키우신 나의 부모님……

내게 상처를 준 것도 사람들이었지만, 그 상처를 어루만져주고 내 마음에 반창고를 붙여주었던 것 역시 사람들이었다.

가까이에 나를 이해하고 사랑하는 사람들이 있었는데 나는 언제나

저 멀리 나를 흘깃거리는 시선들에만 신경을 쓰며 살아온 것은 아닐까.

어떤 사람들은 내게 나보다 처지가 안 좋은 사람들을 생각하며 기운을 내라고 위로한다. 예를 들면, 평생 자리보존하고 누워 있어야 하는 사람들도 많은데, 네 경우는 얼마나 다행이냐는 것이다. 하지만 나는 나보다 더 어려운 사람들을 보며 위안을 찾고 싶지 않다. 그들의 삶을 내 멋대로 끌어내려 내 처지보다 못하다고 단정 짓는 건 너무 건방진 일이라고 생각하기 때문이다. 그들의 처지가 그렇다고 해서 나보다 더 불행하리라는 보장이 어디 있을까. 다른 사람들과 비교하며 내 우월함을 확인하기보다는 그냥 내가 가진 것 안에서 행복을 찾는 게 더 현명한 일일 것이다.

그래서 나는 힘들어하는 누군가에게 위로를 건네야 하는 순간이면 항상 주변을 돌아보라고 한다. 나보다 못한 사람을 찾아보라는 게 아니라, 나를 걱정해주고 사랑해주는 사람을 찾아보라는 의미다. 내가 그랬던 것처럼 그 역시 주변의 소중한 사람들을 잊고 있는 건 아닐까 해서 말이다.

물론 주변 사람들이 내 어려움을 근본적으로 해결해주지는 못한다. 대신 아파주거나 빚을 갚아주거나 일을 해줄 수는 없다. 하지만 그런 문제들을 헤치고 나갈 용기와 에너지는 줄 수 있다.

남편을 만나고 두 아이들을 낳으면서 내게는 더 많은 지원군이 생겼다. 내가 힘겹게 박사 학위를 받고 강단에 서기까지 묵묵하게 내 곁을 지켜주는 남편과 조금은 부족한 엄마를 세상에서 가장 좋은 엄마, 예쁜 엄마라고 생각하는 두 아이들 덕분에 내가 바라보는 세상은 아름답기만 하다.

바깥세상에서 받은 상처를 치유해주는 내 마음의 반창고 같은 사람들, 당신에게도 그런 사람이 분명 있다.

행복할 이유는
얼마든지 있다

. . .

생선 많이 먹으면 엄마 머리도 낫는 거야?

큰아이 하빈이가 만으로 여덟 살 무렵의 일이다. 여느 때처럼 연구소에서 일을 마치고 하빈이와 예빈이를 데이케어 센터에서 데리고 집으로 가는 길이었다. 차 안에 두 아이들의 재잘대는 소리가 가득한, 평화롭고 익숙한 저녁이 막 시작되려는 참이었다.

하빈이가 배가 고팠는지 갑자기 저녁 메뉴를 물었다.

"엄마! 오늘 저녁에 무슨 반찬 해주실 거예요?"

"글쎄, 김국 끓이고 생선 구워서 먹을까?"라고 하니, 아니나 다를까 "생선에는 어떤 영양소가 들어 있어요?"라는 물음이 돌아왔다. 음식을 먹기 전에 어떤 영양소가 들어 있는지 묻는 건 하빈이의 습관이다. 어릴 때부터 편식을 막기 위해 음식에 함유된 영양소를 설명해주면서 골고루 먹어야 한다고 이야기해준 때문인 것 같다. 언제나처럼 생선에는 오메가라는 몸에 좋은 지방이 함유되어 있고, 머리가 좋아지는 DHA도 많이 있다고 친절하게 설명해주었다.

그러자 하빈이가 고개를 갸웃거리며 물었다.

"엄마, 엄마는 생선을 많이 먹는데, 왜 머리에 있는 상처는 낫지 않아요?"

순간 누군가가 내 심장을 꽉 움켜쥐었다 놓은 것처럼 아팠다. 생선을 아무리 많이 먹은들 내 머리의 상처가 좋아질 리 없다. 하빈이가 말한 내 '머리의 상처'는 바로 뇌성마비이기 때문이다.

사실 하빈이가 내 장애에 대해 인식하게 된 건, 아니 적어도 엄마의 장애 이야기를 꺼냈던 건 이날로부터 불과 며칠 전의 일이었다.

그날 나는 주방 식탁에 앉아 지난 학기에 내게 강의를 들었던 학생들이 작성한 수업 평가서를 살펴보고 있었다. 물을 마시러 주방에 들어왔던 하빈이는 식탁에 널려 있는 종이들과 그 종이를 열심히 들여다보고 있는 내 모습을 유심히 바라보더니 무얼 하느냐고 물었다. 아마도 엄마가 무엇에 그리 집중해 있는지 궁금했던 모양이다.

"응, 엄마한테 강의를 들었던 학생들이 엄마가 얼마나 잘 가르쳐주었는지 평가한 걸 보고 있어."

수업 내용이나 방식에서 모두 '엑설런트(excellent)'를 받았다고 이야기해주고, 학생들이 '체계적이고 명확한(organized and clear) 수업 진행'이라고 코멘트를 달아준 것을 보여주었더니 하빈이가 그 즉시 브레이크를 걸어왔다.

"엄마는 영어로 말할 때 가끔 크랭키(cranky, 불안정)하잖아요. 그런데 강의할 때는 어떻게 클리어(clear)할 수 있어요?"

그때 내 머릿속에 떠오른 생각은 '드디어 올 것이 오고야 말았구나'였다. 그동안 내 장애에 대해 하빈이에게 어떻게 설명하면 좋을까 고민하고 있었는데, 어쩌면 이번이 좋은 기회가 될지도 모른다는 생각이 들었다. 그래서 마음을 가다듬고 하빈이에게 물었다.

"엄마가 어떻게 크랭키하니?"

그랬더니 하빈이가 "이렇-게" 하면서 입꼬리를 한쪽으로 심하게 돌렸다. 내가 말할 때의 표정 그대로였다.

하빈이는 자기 엄마가 다른 아이들의 엄마와 무언가 다르다는 걸 언제부터 눈치챘을까?

나는 하빈이를 가까이 끌어당겼다. 그러고는 종이에 볼펜으로 'disability'라고 적었다. 이게 무슨 뜻인지 아느냐고 물었더니 하빈이는 손을 잘 사용하지 못한다거나 걷지 못할 때, 말을 잘 못할 때 쓰는 말이라고 곧잘 대답을 해냈다.

"그래, 맞았어. 그런데 하빈아, 엄마한테도 그런 장애가 있어."

내 말에 하빈이의 눈이 갑자기 동그래졌다. 아이의 눈동자는 믿을 수 없다는 듯 내 여기저기를 살피기 시작했다.

나는 다시 볼펜을 쥐고 종이 위에 커다랗게 'cerebral palsy'라고 적었다.

"우리말로는 '뇌성마비'라고 해. 엄마가 아주 어렸을 때 뇌에 상처 가 생겼어. 그래서 말할 때마다 조금 불안정하고 얼굴 근육도 이렇게 돌아가는 거야."

그러자 하빈이가 아주 걱정스러운 얼굴로 나를 쳐다보았다. 조그 만 손으로 내 머리를 이리저리 만지고 살펴보더니 금방이라도 울음 을 터뜨릴 것 같은 얼굴로 말했다.

"엄마, 많이 아파요? 엄마 머리에 있는 상처, 고칠 수는 없는 거예 요? 수술 같은 거 받아도 안 돼요?"

나는 엄마를 걱정하는 마음이 고맙기도 하고 미안하기도 해 하빈 이를 꼭 끌어안으며 말해주었다.

"뇌성마비는 수술해도 소용없어. 어떤 방법으로도 완벽하게 고칠 수는 없어."

내 말을 듣고는 하빈이가 갑자기 하품을 해대기 시작했다. 나는 아이가 제 슬픔을 들키지 않으려고 안간힘을 쓰느라 그런다는 걸 알기에 마음이 아팠다. 하빈이는 TV를 보다가도 슬픈 장면이 나오면 난데없이 하품하는 시늉을 하곤 했다. 자기가 눈물을 글썽이는 건 슬퍼서가 아니라 하품 때문이라고 변명하고 싶은 것이리라.

"괜찮아. 엄마한테는 장애가 있지만 그래도 다른 엄마들하고 똑같잖아. 그리고 열심히 공부해서 박사도 됐고, 지금은 이렇게 대학에서 학생들도 가르치잖아."

그제야 하빈이는 긴 하품을 멈추고 나를 바라보았다. 그런 하빈이를 보며 나는 그동안 무척이나 궁금했던, 하지만 두려워서 차마 묻지 못했던 질문을 던졌다.

"하빈아, 친구 중에 엄마가 왜 그러냐고 묻는 아이가 있었니?"

하빈이는 고개를 끄덕였다.

그 친구들에게 뭐라고 대답했느냐고 물었더니, "나도 모른다고 했지……"하면서 고개를 숙였다.

"그랬구나. 우리 하빈이는 모르고 있었구나. 이제는 하빈이가 엄마 장애에 대해 알았으니까, 다른 사람이 물어보면 대답 잘해줄 수 있겠지? 하빈이 엄마는 장애를 갖고 있지만 다른 엄마들과 똑같고, 하빈이랑 예빈이를 아주 많이 사랑한다고 말이야."

이런 일이 있은 며칠 후, 생선을 먹으면 머리가 좋아진다는 내 말

에 하빈이는 굉장한 의구심을 갖게 된 것이다. 생선을 많이 먹어서 나의 뇌성마비가 나을 수만 있다면, 얼마나 좋을까? 하빈이의 말에 나는 가슴이 뭉클했다.

"하빈아, 엄마 머리에 있는 상처는 생선을 많이 먹는다고 낫는 건 아니야."

내가 이렇게 말하자 하빈이 얼굴에 실망한 기색이 역력했다.

"대신 엄마는 생선을 많이 먹어서 머리가 좋잖아. 엄마는 머리에 상처도 있고 장애도 있지만, 그렇다고 엄마가 똑똑하지 않은 건 아니야. 그렇지?"

하빈이가 알아들었다고 고개를 끄덕거렸다. 그러더니 다시 얼굴이 밝아지면서 물었다.

"엄마, 엄마는 장애가 있지만 조지 메이슨 대학에서 학생을 가르치잖아요. 예전에는 엄마 같은 사람이 없었어요?"

2004년 박사 학위를 받고 한국에 갔을 때, 신문·잡지 기자들이 찾아와 인터뷰를 한 적이 있었다. 하빈이가 내게 그때 한국에서 기자들이 왜 엄마를 인터뷰했느냐고 묻기에 엄마가 뇌성마비 장애를 딛고 외국에서 박사 학위를 받은 최초의 한국 사람이기 때문이라고 이야기해주었다. 장애가 있는 사람들은 장애가 없는 사람보다 모든 면에서 힘든데, 그런 점을 노력으로 극복했기 때문에 사람들이 엄마를 좋은 모델로 생각하는 거라고도 말해주었다.

하빈이는 그때 일을 떠올리고는 엄마가 장애인으로서 조지 메이슨 대학에서 강의하는 최초의 사람인지도 궁금했던 것이다.

"응, 언어장애가 있는 사람이 AAC를 사용해서 강의하는 건 엄마가 처음일 거야."

그러면서 백미러로 힐끔 보니, 하빈이는 또 하품을 하는 척하고 있었다. 그 순간 하빈이는 왜 또 눈물이 났던 걸까?

"하빈아, 사람은 누구나 감정이 북받칠 때가 있어. 슬프거나 기쁘거나 아니면 아주 감동을 받았을 때 눈물이 나오는 건 괜찮은 거야" 하고 말해주니, 하빈이는 뭔가 생각하는 눈치였다.

"하빈이는 지금 기분이 어떤데?"

그러자 하빈이가 대답했다.

"난 지금 아주 감동받았어요. 왜냐하면 엄마가 장애를 이기고 대학에서 학생을 가르치는 첫 번째 사람이니까요."

하빈이의 말을 듣자 이번에는 내가 하품이 나오려고 했다. 피곤하지도, 졸리지도 않은데 하품은 계속해서 나왔다. 집에 도착할 때까지 나의 서툰 하품 연기는 계속되었다.

내 몸은 꿈에서조차 자유로워본 적이 없다. 가끔은 꿈에서나마 자유로이 말하고 웃고 움직이고 싶지만, 이 지긋지긋한 놈의 '부자유'는 꿈속까지 끈질기게 나를 따라다녔다. 그렇게 한시도 부려놓을 수 없었던 내 평생의 짐이 과연 내 아이들에게는 어떻게 비쳐질까.

수없이 많은 사람들이 나를 보고 흘끔거리며 수군대는 건 견딜 수 있어도 하빈이와 예빈이의 시선만큼은 언제나 걱정스러웠다. 언젠가 내 두 아이가 나를 부끄럽다고 생각하면 어쩌나, 내가 다른 엄마들과 다르다는 걸 받아들이지 못하면 어쩌나, 늘 두려웠다. 하지만 그날 하빈이는 나를 진심으로 이해해주었다. 수많은 노력을 통해 지금의 자리에 선 나를 인정해주었다.

누군가 내 인생의 가장 행복한 순간을 묻는다면 나는 이때를 떠올릴 것 같다.

엄마의 장애를 슬퍼하는 대신 당당하게 받아들이는 내 아이들이야말로 내 인생 최고의 트로피, 나를 이 세상에서 제일 행복한 사람으로 만들어주는 존재들이다.

사랑과 믿음만으로
단단한 집을 지을 수 있다

■ ■ ■

아빠가 너희 집의 수위를 하마

"하빈아, 일어나. 학교 갈 시간이야."

하빈이를 깨우면 "엄마, 쭉쭉 해주세요" 하며 누운 채로 만세를 부른다.

"쭉- 쭉-."

입으로 리듬을 맞추며 하빈이의 팔을 마사지해주자 비로소 눈을 비비고 일어난다.

이제는 예빈이 차례다.

"예빈아, 쭉쭉 해줄게."

마사지를 끝내고 예빈이를 업은 채 부엌으로 간다.

지금은 훌쩍 커버린 아이들의 어린 시절 우리 집 아침 풍경이다. 하빈이와 예빈이가 초등학교 저학년 때까지만 해도 나는 아침마다 아이들을 깨우고 나면 꼭 그렇게 업어주었다. 물론, 아이들을 업어주면 허리가 아프고, 어깨가 무너질 것 같았지만 이런 일종의 의식을 힘이 닿는 날까지 계속했던 이유는 어릴 적 친정아버지가 내게 해주셨던 사랑을 아이들에게 고스란히 전해주고 싶어서였다.

아버지는 몸이 성치 않은 고명딸을 수도 없이 많이 업어주셨다. 함께 외출했다가 내가 지쳐 주저앉을 때마다 등을 내미셨다. 그리고 고등학교 3학년이 다 되도록 아침이면 새벽까지 공부하다 잠든 나를 깨워 꼭 식탁까지 업어다 앉혀주셨다.

그렇게 아버지의 넓은 등은 내게 든든한 안식처였다. 속상하고 슬픈 일이 있을 때도, 힘들고 피곤할 때도 아버지의 등에 업히기만 하면 나는 마음이 놓였다.

세상에 그 누가 나를 위협한다 해도, 어떤 일이 나를 힘들게 한다 해도 아버지 등에 업혀 있는 한은 안전할 것 같았다.

아이들을 키우면서 더 가슴 짠하게 다가오는 아버지에 대한 고마움……. 내 아이들이 자랐을 때 그들도 내가 느끼는 이 감정을 똑같이 느꼈으면 하는 마음으로 나는 오늘도 아이들에게 용기를 북돋아주려고 한다.

아버지는 어릴 때 비실비실 잘 걷지도 못하고 말도 잘 못 하는 딸에게 "넌 뭐든지 할 수 있어. 네가 공부를 열심히 한다면, 아무도 너를 무시하지 못할 거야"라며 격려해주셨다. 그러면서 내게 항상 교수가 돼라고 말씀하셨다. 내가 잘하는 것이 공부이니 나중에 꼭 교수가 되어서 독립된 인간으로 당당하게 살아가라고 하신 것이다.

지체장애와 언어장애가 있는 내게 뜬구름 잡는 것보다 더 허황되어 보이는 '교수'를 꿈꾸게 했던 아버지는 모진 세상을 헤쳐나갈 수 있는 강한 아이가 되길 바라셨을 것이다. 하지만 생후 2년 4개월 된 자식이 뇌성마비라는 진단을 받았을 때 아버지의 마음이 어땠을까? 아무리 강하게 마음먹었지만 세 살배기 어린 딸을 재활원에 입원시킬 때의 심정은 또 어땠을까?

나를 재활원에 입원시키고 돌아온 날, 엄마는 대청소를 하셨단다. 커튼을 걷어내 빨고 집 안 곳곳의 먼지를 쓸고 닦아냈다. 마음이 시끄럽고 심란해서 가만히 계시질 못하고 일부러 일을 만들어 몸을 고되게 한 것이다. 그러면서 전화 한 통 없는 아버지를 야속하게 여기셨다고 한다. 어리디 어린 딸내미를 입원시켜놓고 어쩜 그렇게 덤덤하게 회사에서 일을 할 수 있을까, 하고 말이다.

하지만 아버지는 그날 낮에 내내 가슴으로 울고 계셨던 모양이다. 밤에 술이 잔뜩 취해 집으로 돌아오셔서 현관에 들어서자마자 엄마를 붙들고 펑펑 눈물을 쏟으셨다고 한다.

"여보, 지금 당장 가서 우리 유선이 다시 데려옵시다."

태산처럼 큰 덩치에 무뚝뚝하게 보이는 경상도 시니이기 흐그끼며 무너지던 그날, 부모님은 서로 부둥켜안고 또 한없이 눈물을 흘리셨다. 그날 이후로 두 분은 얼마나 더 많은 눈물을 흘리셨던가.

부모님의 눈물과 함께 시작된 재활원 치료 덕분에 고무다리처럼 휘청거리기만 했던 내 다리는 서서히 호전되어 초등학교 고학년쯤 되자 제법 넘어지지 않고 걸을 수 있을 정도로 단단해졌다. 지금도 여전히 양반다리를 온전하게 못 하고, 다리를 뒤로 꺾어 W자를 만들어 앉는 게 가장 편하지만, 심하게 휘청거리지 않고 걸을 수 있다는 건 굉장한 변화다. 물론 아직도 발목 아래 부분이 한 걸음 한 걸음 뗄 때마다 흔들흔들거리지만, 아마도 내가 입원했던 그 당시에 함께 있던 언니, 오빠들 중에는 증세가 가장 호전되지 않았을까 싶다.

부실했던 내가 이렇게 걷게 된 건 걸음이라도 제대로 걷게 하려고 무던히 애썼던 부모님의 노력 덕분이다. 아버지는 밥상머리에서 내 자세가 조금이라도 바르지 않으면 곧바로 엄격한 목소리로 말씀하셨다.

"유선아, 똑바로 앉아야지!"

그러면 나는 얼른 자세를 점검하고 바르게 앉으려고 노력했다. 지체장애가 있다 보니 서 있는 자세 또한 다른 사람들과 많이 다를 수밖에 없는데, 특히나 무의식적으로 서 있는 경우 내 무릎은 앞이 아닌 뒤쪽으로 휘어져 있다. 아버지는 내가 어색한 자세로 서 있거나 하면 따끔하게 야단을 치곤 하셨다.

"유선아, 유선아, 무릎 집어넣어라! 발 똑바로!"

나중에는 서거나 앉을 때마다 아버지의 매운 호령이 들려오는 것 같아 나도 모르게 자세를 점검하고 바른 자세를 취하게 됐다.

아마도 초등학교 때쯤이었을 것이다. 아버지가 약주를 하고 귀가하실 때마다 잠자고 있는 나를 깨우기 시작하셨던 건.

"유선아, 일어나. 일어나서 한번 걸어봐."

그러면 나는 잠이 덜 깬 눈을 비비며 아버지가 시키는 대로 방 끝에서 다른 끝까지 천천히 걸었다. 아버지는 그런 내 모습을 대견한 듯 바라보시고는 머리를 쓰다듬어주셨다.

"잘했다. 내 딸."

아버지로부터 칭찬을 들은 후 다시 달콤한 잠을 청하려는 순간, 내가 마지막으로 보는 건 항상 엄마의 얼굴이었다. 코끝과 눈시울이 빨간 엄마의 얼굴……

엄마는 아버지가 잠든 나를 깨우실 때마다 방문 뒤에서 항상 눈물을 삼키고 계셨다고 한다. 곤히 자고 있는 아이를 깨워 걸어보라고 하는 아버지가 미워서, 자다가도 아버지가 시킨다고 일어나 걷고 있는 내가 안쓰러워서…….

하지만 나는 그런 아버지가 전혀 원망스럽지 않았다. 그때는 아버지가 시키면 뭐든 다 해야 하는 걸로 알았다. 아버지가 왜 그러시는지도 모르는 채 그냥 시키는 대로 하고, 잘 걸었다며 나를 대견스러워하는 그 표정이 좋았고 칭찬받는 게 기뻤다.

그 시절 아버지의 마음을 온전하게 이해하게 된 건 내가 하빈이와 예빈이, 두 아이의 엄마가 되고 나서다. 아이에게 미열만 있어도 하룻밤에 수십 번씩 이마를 짚어보는 게 부모 마음인데, 뇌성마비 장애를 가진 딸내미를 키우셨던 당시의 아버지는 오죽하셨을까. 그런 딸이 그나마 온전하게 걷게 되었으니 자는 걸 깨워서라도 왜 보고 싶지 않으셨겠는가.

내가 어릴 때 아버지는 종종 이런 말씀을 하셨다.

"유선아, 네가 크면 멋진 집을 한 채 지어주마. 거기서 너는 장애인을 위해 좋은 일을 하거라. 아버지는 그 집의 수위를 할게."

아버지는 알고 계실까. 이미 내 가슴속에 아버지가 지어주신 집이 단단하게 자리 잡고 있다는 걸.

부족한 딸을 향한 아버지의 변함없는 사랑과 믿음이 내 가슴속에 나누고 베푸는 마음이라는 단단한 집을 쌓아 올렸다. 부모님께서 주신 사랑을 세상에 베풀면서 살아가는 모습을 보여드리는 게, 그 은혜에 보답하는 나만의 방식이 될 것이라고 믿는다.

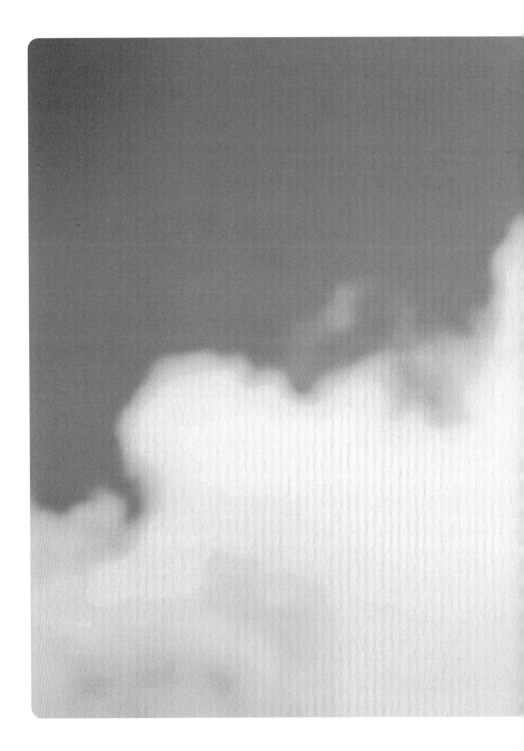

2부

나는 조금 더

넘어졌을

뿐이다

"운명아, 덤벼라. 나는 도망가지 않는다.
나는 절대 네게 등을 보이지 않는다!"

문이 하나 닫히면
또 다른 문이 열린다

▪ ▪ ▪

엄마에게 되찾아드린 무대

매년 10월의 마지막 날이 되면 향수에 젖어 듣는 노래가 있다. 그렇다. 40대 이상이라면 누구나 예상할 테지만, 바로 이용의 '잊혀진 계절'이다. 전주 부분에서 흘러나오는 아름다운 피아노 선율은 연주하기가 그리 어렵지 않아 나의 피아노 단골 연주곡이기도 하다. 매해 타국에서 '잊혀진 계절'을 들으며 뭔가 모를 짠한 느낌에 살짝 눈물짓기도 했었는데, 2012년 10월의 마지막 밤을 나는 행복하게도 한국에서 부모님과 함께 보낼 수 있었다.

2012년 10월, 학기 중간이었지만 내겐 한국 땅을 밟아야 하는 중요한 일이 생겼다. 세계재활협회가 주관하는 제22회 세계대회에서 기조연설을 해달라는 요청을 받은 것이다.

세계재활협회는 장애인, 관련 종사자, 전문가를 중심으로 1922년 결성된 세계 민간 기구로 각종 학술회의, 공동 연구 및 국제 협력을 통해 장애인의 권리 실현과 사회 통합을 위한 다양한 활동을 하는 기구이다. 1929년 제1회 세계재활협회대회가 스위스 제네바에서 개최된 이후, 3~4년에 한 번씩 네덜란드·헝가리·영국·미국·독일·호주·일본 등 세계 각국에서 개최됐는데, 2012년엔 우리나라에서 열렸다.

학기 중간이라 스케줄 조정이 정말 쉽지 않았지만, 우리나라에서 이런 좋은 대회가 열린다는 점과 이번 대회 슬로건이 'Changing the World through ICT(Information Communication Technology) Partnerships', 즉 '정보통신기술 파트너십을 통해 세상을 바꾸자'라는 것을 알고, 기쁘게 연설을 수락했다. 그래서 좋은 선물을 받은 걸까. 이번 한국행에서 나는 참 뜻깊은 시간을 보내게 됐다.

세계재활협회대회 기조연설을 위해 한국에 머무는 동안 나는 이화여대에서 개최하는 제1회 보완대체 의사소통대회의 주제 발표, 이화여대와 중부대학에서의 특별 강연, 그리고 파라다이스 복지재단에서 초청한 특별 강연을 하게 됐다. 파라다이스 복지재단은 장애 아동의 교육과 치료를 위한 프로그램과 교육 자료를 연구·개발하여 보급하고, 장애 관련 단체와 기관을 지원하는 일을 하고 있는 복지재단이다. 이렇게 좋은 자리에 서는 것만으로도 큰 영광인데, 파라다이스 복지재단에서 진행하는 강연회는 나 혼자가 아니라 엄마와 함께 연사로 나서게 된 특별한 자리라 더 소중했다.

그렇게 2012년 10월의 마지막 밤을 일주일 남겨둔 날, 엄마와 나는 단상에 나란히 앉아 주거니 받거니 하며 우리들의 이야기를 청중들과 나누게 됐다.

그 자리에서 엄마와 나는 조금은 다른 삶을 살아온 우리 가족의 사랑과 희생, 기쁨과 슬픔, 성취감과 좌절감, 그리고 세상을 향한 우리들의 작은 바람 등을 그냥 이야기하듯이 풀어냈다. 청중들은 우리 모녀의 이야기에 함께 공감하며 때로는 웃어주고, 때로는 눈물지으며 귀를 쫑긋 기울여주셨다.

아버지께서는 이야기가 진행되는 내내 자리에 앉아 계시지 못하고, 안절부절못하며 밖에 나가셨다가 잠시 들어오셔서 문가에 서 계시곤 하셨다. 평소 소소한 것도 하나부터 열까지 세심하게 챙겨주시는 아버지는 이번 강연회를 준비하는 과정에서도 역시나 철저하셨다. 전날 강연장 건물의 주차장까지 미리 탐색하고 오셨고, 강연에 앞서 엄마와 내 옷매무새를 챙겨주시고, 내가 마실 음료수에 빨대를 꽂아 손수 강단에 가져다 놓아주시는 등, 아내와 딸의 강연에 손톱만큼이라도 차질이 생기지 않도록 만반의 준비를 기하셨다.

그런 아버지가 막상 강연이 시작되자 슬그머니 자리를 뜨셨다가, 중간 중간 문가에 서 계시다 사라지시기를 반복하시는 것이다. 우리 모녀 인생의 중심에 서 계신 분, 든든한 지지자 역할을 하셨던 분, 아버지……. 이미 엄마와 내가 무슨 이야기를 나눌지 모를 리 없는 그가, '다 빤하게 아는 이야기'를 풀어내는 아내와 딸을 보면서 또 눈물이 흐를까봐 그러시는 것이다. 나는 아버지에게 다시 한 번 고마움과 애잔함을 느끼면서, 이번 강연회를 잘 진행하는 것이 내 마음을 전하는 길이라 믿고 열심히 임했다.

강의가 끝나고 객석에 계시던 한 청각장애 아동 어머니는 이렇게 말씀하셨다.

"미국에서 교수로 성공했다는 것보다도 이렇게 당당하고, 자신을 아끼고, 행복한 가정을 꾸리는 모습이 더 멋져 보였다. 우리 아이도 정 교수님처럼 자신을 사랑하면, 훗날 행복한 삶을 살 수 있겠단 생각이 들면서 나도 모르게 눈물이 나왔다."

또 뇌성마비 딸을 키운다는 한 어머니는 "정 교수님의 멋진 삶에는 묵묵히 딸을 지켜보고 사랑을 보낸 어머니가 있었다. 이번 강연을 통

해 '나도 아이를 더 사랑하고 더 관심을 보여야겠다'는 생각을 절실하게 하게 됐다"고 하셔서 큰 보람을 느꼈다.

그렇게 1시간 40여 분의 시간이 어떻게 흘러가는지 모르게 지나갔고, 어느덧 엄마와 내가 성심성의껏 준비한 연설이 마무리되어갔다. 마지막으로 청중들이 감정을 정리할 수 있도록 엄마는 청중들께 우리 모녀의 이야기를 경청해주셔서 감사하다는 말씀을 전하며, 보답하는 마음으로 심순덕 시인의 '어머니는 그래도 되는 줄 알았습니다'라는 시를 낭송하셨다. 돌아가신 친정어머니를 향한 그리움이 절절하게 묻어난 심순덕 시인의 시와 엄마의 차분한 목소리가 청중들의 마음에 '어머니'라는 글자를 되새기는 계기가 되었는지 낭송이 끝났을 때 분위기는 숙연하기까지 했다. 그 찰나 엄마의 깜짝쇼에 청중들의 시선이 다시 한 번 엄마에게 고정되었다.

"울렁울렁 울렁대는 가슴 안고, 연락선을 타고 가면 울릉도라, 뱃머리도 신이 나서 트위스트, 아름다운 울릉도!"

엄마가 이시스터즈 시절의 히트곡 '울릉도 트위스트'를 반주도 없이 신나는 트위스트 춤과 함께 부르기 시작한 것이다. 청중들은 엄마의 낭랑한 목소리와 고희를 살짝 넘기신 할머니의 몸동작이라고 보기엔 너무도 귀여운 트위스트 동작에 흥겨워하며 박자에 맞춰 함께 박수를 쳐주었다.

강연 내내 안절부절못하셨던 아버지는 엄마가 시 낭송을 하실 때부터는 구석에 자리를 차지하고 앉으시더니, 노래를 하실 때는 얼굴에 환한 미소를 머금고 신나게 박수 장단을 맞추시는 게 아닌가.

나 역시 연단 구석에서 박수를 치며 서 있었지만, 마음만은 '울릉도 트위스트'를 무반주로 부르고 계신 엄마와 함께 춤을 추고 있었다. 너무 신이 나서 하마터면 주체할 수 없는 흥을 누르지 못하고 무대 중간으로 뛰어들어 같이 트위스트를 출 뻔했다.

부실했던 딸내미를 보살피기 위해 연예계에서 은퇴하신 이후 엄마는, 1990년과 2006년 단 두 번 이시스터즈로 같이 활동했던 이모가 한국에 방문했을 때 함께 '가요무대'에 출연한 것 말고는, 무대에 서서 노래를 부르신 일이 없다. 그 흔한 노래방도 간 적이 없기에, 가족들도 엄마의 노래를 육성으로 들어볼 기회는 거의 없었다. 그런 엄마가 이날 어느 가수보다 열정적으로 노래를 부르셨고, 그 모습은 이 세상 어느 누구보다 행복해 보였다.

엄마의 실력이 전혀 녹슬지 않았다는 사실이 너무 놀라웠다. 그리고 엄마가 그동안 얼마나 무대를 그리워하셨는지, 얼마나 청중들의 반응을 느끼고 싶어하셨는지 고스란히 전해져 죄송스러운 마음이 들며 마음 한편이 짠했다. 엄마는 이토록 넘치는 끼를 그동안 어떻게 누르고 사셨을까?

하지만 엄마는 그 끼를 억누르며 살았다기보다 남다르게 활용해

제2의 인생을 개척했다고 말씀하시곤 한다. 동네 친구들과 어울리지 못하는 딸을 위해 열심히 책을 읽어주다가 동화 구연가가 되셨고, 동화 구연가로서도 전성기를 누리셨다. 많은 선배, 동료, 후배 색동어머니회 회원님들이 현재 엄마의 삶에 큰 역할을 해주시고, 엄마 역시 때로는 그네들의 인생 상담사 역할도 해주신다. 엄마는 연예계에 계속 몸담고 있었다면 경험하지 못했을 소중한 인연, 소중한 추억을 색동어머니회 활동을 통해 만들어내셨다.

만약 엄마가 화려했던 연예계 생활을 포기함과 동시에 잠재되어 있는 끼에 대한 열정도 포기하셨다면, 지금보다 삶의 질이 한 단계 낮았을지 모르고, 그로 인해 나는 엄마에게 더 미안한 마음을 가졌을지 모른다. 하지만 나는 잠재된 능력을 개발하고 새로운 길을 개척한 엄마의 삶을 통해 큰 교훈을 배웠고, 이를 내 인생에 중요하게 활용하게 됐다. 그것은 바로 '인생에는 여러 갈래 길이 있다'는 것이다.

나는 대학 입학 고사에 낙방하고 미국에 오게 되었다. 너무도 간절히 대학에 가고 싶었지만 나를 받아주는 대학은 단 한 곳도 없었다. 그때 당시에는 하늘이 무너져버린 것 같은 좌절감이 든 것도 사실이다. 그러나 나는 홀로 미국 유학이라는 도전을 택했고, 그 도전 과정에서 무수히 흘렸던 땀과 눈물을 지금 보상받고 있다. 우리나라에서 대학 입학을 해야 한다는 한 가지 길만 생각했다면 지금 나는 이곳에 없었을지도 모른다.

언젠가 어느 신문기자와의 인터뷰에서 이런 이야기를 한 적이 있다.

"인생에는 직선 도로만 있는 게 아닙니다. 목표와 열정을 잃지 않으면 그곳에 도달하는 길은 여러 갈래가 있습니다."

나는 엄마 덕분에 여러 갈래의 길이 있음을 알았고 시도해볼 용기와 열정을 매일매일 키워갈 수 있었다. 엄마의 무대를 보며, 내게 여러 갈래의 길이 있음을 알게 해준 엄마께 그날은 내가 '강연자'라는 새로운 길과 '가수'라는 길을 다시 찾아드린 것 같아 행복했다.

1등이 아니라도 괜찮다,
포기하지만 않는다면

■ ■ ■

뒤에서 3등을 한 달리기

내겐 체육 시간과 관련된 일화가 참 많다. 불편한 몸을 가진 내게 체육 시간은 그야말로 끊임없는 도전의 연속이었다. 학창 시절 흘린 눈물의 절반 이상은 체육 때문이라고 해도 과언이 아니다. 체육은 그만큼 내게 잔인하고도 힘든 과목이었다. 휘청휘청 고무처럼 휘는 다리와 정교한 움직임이 불가능한 팔로 내가 할 수 있는 운동이란 그리 많지 않았다. 그걸 인정하고 교실이나 스탠드에 가만히 앉아 있었다면 그렇게까지 눈물을 흘릴 일은 없었을지도 모른다.

초등학교 체육 시간 때때로 선생님께서는 주번 대신 내게 교실을 지키라고 하셨다. 그런 날은 축구나 발야구처럼 내가 하기 어려운 구기 종목을 하는 날인가 보다 하고, 자리에 앉아 묵묵히 교과서를 폈다. 아이들이 빠져나간 교실은 넓고 추웠다. 수업 시간 40분이 한없이 길게만 느껴졌다.

하루는 창밖으로 들리는 친구들의 함성 소리에 온 신경을 집중하고 있다가 도저히 가만히 있을 수 없어 자리를 박차고 일어나 운동장으로 나갔다. 운동장에 나온 나를 발견한 선생님은 깜짝 놀라셨다.

"아니 너…… 교실 지키랬더니 여기 왜 나왔어?"

"너무 심심해서요……."

잔뜩 기어들어가는 목소리로 대답한 나는 스탠드에 소심하게 앉아 아이들이 축구를 하는 모습을 지켜봤더랬다. 하지만 마음속으로는 남들이 안 된다고 하더라도 열심히 해서 친구들이 하는 만큼 꼭 해내겠다는 결심을 했다. 그게 오기라고 해도 좋고, 욕심이라고 해도 좋지만 그런 오기가 체육 시간을 버티게 해준 힘이었다.

그러다 초등학교 4학년 때였던가, 체육 시간에 실기 점수에 반영되는 뜀틀 앞구르기 연습을 하게 됐다. 도움닫기를 하다가 구름판을 딛고 뜀틀로 뛰어올라 앞구르기를 한 뒤, 두 팔을 벌려 착지를 하는 동작이었다. 뜀틀에서 앞구르기를 하기는커녕 도움닫기도 힘들었던 나는 난감하기만 했다.

비틀거리며 뜀틀을 향해 가까스로 달려가긴 했지만 구름판을 힘차게 구를 수가 없었다. 뜀틀과 가까워질수록 어찌나 두렵고 무섭던지 나도 모르게 멈칫하고 서버렸다. 가까스로 용기를 내어 뜀틀에 머리를 갖다대보기도 했지만, 부질없이 깡충깡충 제자리 뛰기만 할 뿐 도무지 앞으로 구를 수가 없었다.

어떻게든 해보려고 안간힘을 쓰고 있는 내게 선생님께서는 가차 없이 말씀하셨다.

"다음!"

그러면 나는 고개를 푹 숙이고 자리로 돌아올 수밖에 없었다. 선생님의 "다음!" 하는 차가운 목소리에 '넌 그냥 스탠드에나 앉아 있지. 어차피 안 될 일에 왜 기운을 빼니'라는 뜻이 담겨 있는 것만 같았다. 지금 생각하면 내 자격지심이었지만, 당시에는 어찌나 속상했던지 선생님이 야속하기만 했다.

연습을 거듭할수록 친구들은 뜀틀 앞구르기에 익숙해지기 시작했다. 한 명, 두 명 착지에 성공하는 친구들이 늘어나자 조바심이 났다. 나도 친구들처럼 멋지게 앞구르기에 성공해보고 싶었다. 하지만 번번이 내 다리는 뜀틀 앞에서 멈춰버렸고 귓가에는 선생님의 "다음!" 하는 소리가 매정하게 꽂혔다.

그런 상황에서 내가 할 수 있는 일은 연습뿐이었다. 친구들이 열 번 연습할 때 나는 스무 번, 서른 번 해야 한다는 걸 알고 있었다.

그날 집에 가서 일단 장롱에 있는 이불이란 이불은 죄다 꺼내 거실에 쌓아놓았다. 그리고 몇 걸음 뒤로 물러나 달리기를 시작해 이불을 뜀틀 삼아 앞구르기를 시도했다. 하지만 이불에 머리를 갖다대기도 전에 내 몸은 바닥으로 나뒹굴기 일쑤였다.

한 번, 두 번, 세 번…… 열 번……. 이를 악다문 얼굴에 눈물이 번지기 시작했다. 열한 번, 열두 번, 열세 번, 마침내 스무 번이나 바닥에 내동댕이쳐지자 지쳐 몸을 일으킬 생각도 못하고 엉엉 울어버리고 말았다. 힘없이 비틀대는 내 다리가, 바닥을 힘차게 내딛지 못하는 부실한 내 다리가 너무도 미웠다.

얼마나 울었을까. 한참을 울고 일어난 나는 다시 도움닫기를 시작했다. 괴롭고 힘들어도 포기할 생각은 꿈에도 하지 않았다.

그로부터 며칠 후, 뜀틀 앞구르기 실기 시험을 치르는 날이 왔다. 마침내 내 차례가 되었을 때 나는 마음을 다잡았다. 이제껏 단 한 번도 성공하지 못했지만, 여전히 희망을 잃지 않았다. 죽기 아니면 까무러치기 정신으로 최선을 다해 도전해보기로 마음먹었다.

뜀틀은 20미터 전방에 놓여 있었다. 나는 있는 힘껏 도움닫기를 시작했다. 웬일인지 뜀틀 앞으로 점점 다가가는데도 전혀 겁이 나지 않았다. 구름판을 구른 내 다리가 하늘로 붕 떠오르는가 싶더니 정수리가 뜀틀에 닿는 감촉이 느껴지면서 몸이 자연스럽게 한 바퀴를 돌

았다. 그리고 정신을 차려보니 내가 뜀틀 건너편에 안정적인 착지자세를 취하고 있는 게 아닌가.

어안이 벙벙해 꼼짝도 할 수가 없었다. 얼마의 시간이 흘렀을까. 아니, 아주 짧은 순간인지도 모르겠다. 막혔던 고막이 갑자기 뻥 뚫리기라도 한 것처럼 내 귀에 친구들의 "와!" 하는 함성 소리가 비집고 들어왔다. 그제야 나는 내가 뜀틀 앞구르기를 성공했다는 사실을 깨달았다. 친구들이 나를 향해 열렬히 박수를 보내고 있었다. 선생님은 너무 놀라 입을 다물지 못하시는 것 같았다.

기적, 내게 정말 기적과 같은 일이 일어났던 것이다.

내 악바리 근성은 체력장 때도 발휘되었다. 내가 대학 입시를 준비할 당시만 해도 체력장 점수는 20점 만점이었다. 엄마와 담임선생님은 체력장에서는 그냥 기본 점수만 기대하는 게 어떻겠느냐고 권유하셨다. 내 신체 조건이 적당하지 않으니 체력장에는 신경 쓰지 말고 그 시간에 차라리 다른 공부를 하는 게 나을 거라는 것이다. 하지만 나는 그러고 싶지 않았다. 노력도 안 해보고 포기하는 건 내 사전엔 있을 수 없는 일이었다.

체력장 날짜가 다가오자 나는 매일 밤 엄마를 졸라댔다.

"엄마, 딱 1분만 내 다리 좀 잡아달라니까."

윗몸일으키기 연습을 하기 위해 다리를 잡아달라는 내 부탁에 엄마는 언제나 흔쾌히 응해주셨다. 지금 생각하면 몸도 성치 않은 딸이 안간힘을 쓰며 윗몸일으키기 하는 모습을 가까이서 지켜보기가 얼마나 힘드셨을까 싶다. 그래도 포기하지 않고 해내겠다는 딸의 고집을 꺾을 수가 없어 엄마는 매일 밤 내 연습 파트너가 되어주셨다. 그런 엄마의 도움으로 처음에는 10회 남짓 하는 게 고작이었던 내 윗몸일으키기 실력은 곧 30회로 향상되더니 마침내 만점인 50회 이상도 가능하게 되었다.

오래달리기 역시 내게는 힘든 종목이었다. 하지만 단시간에 승부를 내는 100미터 달리기보다 끈질기게 견디면 되는 오래달리기가 오히려 나을 것 같았다. 정 힘들면 중간에 걸어갈지언정 포기만 하지 않으면 된다고 생각했다. 하지만 막상 오래달리기를 해보니 그 괴로움은 상상했던 것 이상이었다. 한 발짝, 한 발짝 뗄 때마다 몸을 가누기조차 어려울 만큼 힘이 들었다. 그래도 나는 포기하지 않았다.

"그것 봐라. 안 해도 된다니까 왜 사서 고생을 하니?"

"역시 오래달리기는 네겐 무리였어."

주변 사람들로부터 이런 말을 듣기는 죽기보다 싫었다. 어떻게 하든 완주하겠다는 생각으로 나는 이를 악물고 달리고 또 달렸다.

영원처럼 계속될 것 같던 시간이 지나고 마침내 결승점에 도달했을 때, 나는 그 자리에 고꾸라지고 말았다. 나도 모르게 맥이 빠지고 다리의 힘이 풀려버렸던 것이다. 심장은 터질 듯 뛰었고, 얼굴은 눈물과 땀으로 범벅이 되어 있었지만, 나는 기뻤다. 포기하지 않은 내가 자랑스러워서, 포기하라는 유혹에 흔들리지 않은 내가 대견해서…….

그렇게 악바리 근성을 발휘한 결과, 나는 체력장에서 '만점'을 받아낼 수 있었다. 그깟 1~2점에 왜 그리 연연했는지 의아하게 생각하는 사람들도 있겠지만, 그때 내가 정말로 얻고 싶었던 건 만점이라는 성적이 아니었다. 뇌성마비 장애인은 체력장에서 만점을 받지 못하리라는 주변의 편견, 체력장은 그냥 포기하라는 배려 아닌 배려, 나는 그런 것들이 싫었다. 지체장애가 있어도 강인한 정신력과 끈질긴 노력만 있으면 뭐든 해낼 수 있다는 걸 증명하고도 싶었다.

내가 생각하는 장애란 스스로 심리적 한계를 긋고 자신과의 싸움을 쉽게 포기해버리는 행위 그 자체다.

운동회 날, 100미터 달리기를 할 때가 되면 담임선생님은 항상 내게 말씀하셨다.

"유선아, 너는 달리기 안 해도 돼."

그건 분명 나를 위한 배려였다는 걸 잘 안다. 걷는 것도 힘들었던 내게 100미터 달리기가 가당키나 한가. 하지만 당시 나는 반 아이들이 모두 참가하는 경기니 빠지고 싶지 않았다. 아니, 그냥 달리기만 하면 좋은 게 아니라, 딱 3등만 했으면 좋겠다는 야무진 꿈까지 꾸었다. 내 오른쪽 팔뚝에 '3등' 도장을 찍을 수만 있다면 더 바랄 게 없을 것 같았다. 상품으로 주는 공책도 받아보고 싶었다.

"선생님, 저도 할래요. 하고 싶어요."

무리하지 않고 넘어지지 않도록 조심하겠다는 약속을 한 끝에 겨우 100미터 달리기 출발선에 설 자격을 얻었다. '탕' 하는 출발 신호가 울리자 친구들이 모두 쌩하니 앞으로 달려 나갔다. 나는 열심히 달렸다. 친구들 뒤통수를 보며 달리고 또 달렸다.

팔다리가 자기 의지대로 움직이지 않는다는 게 어떤 느낌인지 사람들은 아마 상상도 못 할 것이다. 마음은 벌써 결승점에 도착해 손짓을 하고 있는데, 현실의 내 팔다리는 흐느적흐느적 더디게만 움직였다.

어느새 앞에 한 친구가 결승점 라인을 끊었다. 곧이어 2등이 들어가고, 3등도 결정이 되었다. 달리면서도 맥이 탁 풀렸다. 올해도 팔뚝에 3등 도장을 찍기는 글렀구나……. 그렇다고 중간에 달리기를 포기하기는 싫었다. 더욱이 달리지 말라고 하신 선생님께 부탁까지 해서 어렵게 얻은 기회이니, 끝까지 최선을 다해 달리는 게 옳은 일이라고 생각했다.

그날 나는 결국 뒤에서 3등이라는 성적으로 결승선에 들어왔다. 내 뒤로 2명의 친구들이 있었던 건, 그 아이들이 나보다 느려서가 아니었다. 아마도 그 아이들은 이미 상위권 순위가 결정된 뒤라 계속해서 달리는 게 별 의미가 없다고 생각했을 터였다. 하지만 그날 찍힌 사진 속의 나는 그 두 아이들과는 달리 결승전을 통과하는 그 순간까지도 아주 치열하게 달리고 있었다. 이미 3등까지의 등수가 결정된 뒤라 아무도 관심을 기울이지 않는 속에서 나는 혼자 경기를 계속하고 있었다. 다른 사람은 몰라도 내가 아직 결승선을 통과하지 않았기 때문이었다.

생각해보면 지금 마흔을 훌쩍 넘긴 나이까지 살아오면서 인생의 100미터 달리기를 수도 없이 경험했던 것 같다. 인생의 달리기 대회에서 나는 꽤 성적이 좋은 편이다. 박사 학위, 교수직, 그리고 두 아이의 엄마라는 타이틀을 거머쥘 수 있었으니 말이다. 앞으로 내가 또 어떤 달리기에 도전해 어느 정도 성적을 낼지는 나도 잘 모르겠다.

한 가지 확실한 건 내가 포기하지 않으리라는 사실이다. 설사 순위권에 들 가망성이 전혀 없다는 사실을 깨달은 후라도 나의 달리기는 계속될 것이다. 그러다 보면 어린 시절 그랬던 것처럼 등수 안에 못 들 것 같다는 이유로 포기한 사람들보다는 더 좋은 성적을 올릴 수 있다는 걸 알기 때문이다.

포기하지 않는 사람에게 길은 언제나 활짝 열려 있는 법이다!

세상에 하찮은 일은 없다,
하찮게 보는 사람들이 있을 뿐

■ ■ ■

인간 탁자를 맡다

2007년 성탄절을 며칠 앞둔 어느 날, 남편과 나는 꽃다발을 들고 성당의 재롱잔치가 시작되기를 기다리고 있었다. 하빈이가 초등학교 고학년이 된 후로는 재롱잔치를 볼 일이 없어 서운했는데, 그해부터는 예빈이가 어엿한 유치원생이 되어 재롱잔치를 하게 된 것이다. 매일 아침 내 등에 업혀 침대에서 내려오는 어리광쟁이 예빈이지만, 무대 위에 서 있는 모습은 제법 의젓해 보였다. 깜찍한 옷을 입고 음악에 맞춰 율동을 하는 예빈이가 어찌나 사랑스럽던지 엄마라는 이름을 갖게 된 것에 새삼 감사했다.

예빈이 또래의 아이들이 무대 위에서 춤추고 노래하는 모습을 보고 있노라니 문득 내 어린 시절이 떠올랐다.

회상 속의 나는 초등학생이다. 무대 위에서 한창 연극 연습을 하고 있는 아이들을 넋 놓고 바라보고 있는 나. 내 눈에는 나도 저 무대 위에 한 번만 올라봤으면, 스쳐 지나가는 역할이라도 하나 맡아봤으면, 하는 부러움과 열망이 가득하다.

초등학교 4학년 무렵 나는 같은 아파트 단지에 사는 친구를 따라 성당에 다녔다. 친구 따라 강남 간다는 말처럼 처음에는 그냥 친구가 좋아서 함께 갔는데, 나중에는 산꼭대기에 있어 걸어가기도 힘든 성당을 매일 25분씩 걸어서 아주 열심히 다녔더랬다. 일단 무언가를 시작하면 끝장을 봐야 하는 내 성격 탓이었다.

내게 성당을 다니자고 권한 친구는 얼굴도 예쁘고 영리한, 한마디로 똑 부러지는 아이였다. 그러고 보면 될성부른 나무는 떡잎부터 알아본다는 말이 맞는가 보다. 그 친구는 당시에도 성당과 동네에서 모르는 사람이 없을 정도로 눈에 띄었는데, 성인이 되어서도 여전히 예쁘고 총명한 걸로 이름을 떨치고 있으니 말이다. 그 친구가 바로 방송인 '류시현'이다. 현재 시현이는 연기자와 MC로 활발한 활동을 하고 있으며, 키아누 리브스, 레오나드 디카프리오, 아놀드 슈왈츠 제네거 같은 할리우드 스타가 방한하면 뛰어난 영어 실력으로 사회를 맡고 있다.

어린 시절 내 부러움의 대상이었던 시현이는 노래면 노래, 피아노 연주면 연주, 공부면 공부, 뭐 하나 빠지는 데가 없었다. 지금도 그렇지만 예전에도 말솜씨가 워낙 좋아서 미사 시간에는 사회를 보곤 했다. 그러니 성탄절에 열리는 성당 학예회를 시현이가 주름잡는 건 너무도 당연한 일이었다. 연극을 하든 노래를 하든 언제나 주인공은 시현이였다. 그리고 내 역할은 무대 아래서 시현이를 부러운 듯 바라보는 게 전부였다.

여러 사람들 앞에만 서면 마술에라도 걸린 듯 입이 얼어붙었지만 소위 '타고난 끼'로 치면 나도 시현이 못지않다고 자부한다. 엄마가 1970년대 초 유행을 선도하던 가수 아니던가. 아버지도 만만치 않다. 아버지는 학창 시절 색소폰을 연주하셨고, 지금도 클라리넷, 트럼펫 등의 악기를 능수능란하게 다루실 정도로 낭만과 멋을 아는 멋쟁이시다. 이런 부모님 밑에서 태어났으니 우리 3남매가 음악에 남다른 소질을 보이는 건 당연한 일이었다. 실제로 오빠와 남동생은 아주 멋진 목소리를 타고났고 노래도 정말 잘한다. 만일 장애가 없었다면 나도 노래깨나 한다는 소리를 듣지 않았을까?

그렇게 내 핏속에 흐르는 '끼'가 있던 터라 무대를 지켜보는 내내 그 끼가 귓가에 속삭였다.

'너도 무대에 올라가봐. 연극하고 싶다고 친구들에게 말하라고.'

하지만 용기가 나지 않았다. 국어 시간에 일어나 책도 못 읽는 내

가 연극을 한다면 다들 비웃을 것만 같았다. 그런데 내게도 기회가 찾아왔다. 배역을 정하는데 다들 안 하려고 하는 역할이 하나 있었던 것이다. 바로 '행인1'이었다.

"저기…… 그거 내가 하면 안 될까?"

내가 나서자 아이들 눈이 동그래졌다. 다들 아무 말도 하지 않고 있는데, 한 아이가 말했다.

"행인1은 대사가 없으니까 유선이도 할 수 있을 거야."

그렇게 해서 나는 행인1로 간절히 원하는 연극 무대에 오를 수 있게 되었다.

공연 전날 밤에는 걱정하느라 잠까지 설쳤다. 행여 무대 위에서 비틀거리지는 않을까, 잔뜩 긴장해서 넘어지거나 다른 친구와 부딪히지는 않을까……. 무대 위에서 생길 수 있는 온갖 나쁜 일이 다 떠올라 잠을 이룰 수가 없었다. 그러다 막상 무대 위에 오르니 오히려 긴장이 덜했다. 무대를 두세 번 왔다 갔다 하는 걸로 내 역할이 모두 끝났지만, 내려오자마자 큰 연극의 주인공 역할을 마친 것 못지않게 온몸의 기운이 쭉 빠졌다. 그리고 몸은 힘들었지만 마음은 날아갈 것만 같았다.

다른 사람들 눈에는 기껏 행인1 역할이었겠지만, 나에게는 생애 처음 맡은 소중한 배역이었다. 비록 몇 초밖에 등장하지 않는 역할이라도 그게 내 차지가 되어 참 신이 나고 좋았다.

그날 무대 위에서 어떤 연극이 공연되었는지는 잘 기억나지 않지만, 대본에 나와 있는 대로 무대 위를 두세 번 왔다 갔다 했던 내 모습은 아직도 또렷이 기억한다. 그리고 그 와중에 한 친구가 "천천히 걸어야지, 그렇게 빨리 걸으면 어떻게 해" 하고 핀잔을 주었던 것도…….

엄마는 내가 운동회 날 달리기하는 모습만 봐도 눈물이 나셨다고 한다. 그런 엄마가 성탄절 성당 학예회 연극에서 행인1 역할을 맡은 딸내미를 보시며 어떤 생각을 하셨을까. 불편한 몸을 이끌고 다른 친구들처럼 연극을 해보겠다고 나선 딸이 자랑스러웠을까. 아니면 운동회 날처럼 또 눈물 바람을 하셨을까.

다음 해 여름, 성당 주일학교에서 단체로 피정을 가서도 또 한 번 무대에 설 기회가 생겼다. 피정은 다른 성당에서도 많이들 왔기 때문에 거의 대부분이 낯선 아이들이었다. 나를 처음 본 다른 성당 아이들은 놀란 얼굴로 흘끔거렸다. 짓궂은 남자아이들은 내 흉내를 내기도 했고, 여자아이들은 무리를 지어 귓속말을 했다. 나는 늘 그랬던 것처럼 철저하게 무관심으로 대응했다. 그럴 때는 모르는 체하고 평소처럼 행동하는 게 가장 현명하다는 걸 수많은 경험을 통해 터득한 참이었다.

피정의 하이라이트는 연극 공연이었다. 다른 성당 아이들까지 포함하여 조를 짜고 다 함께 모여 배역을 정했다. 이번에도 아이들이 다 안 하겠다고 도리질하는 배역이 하나 있었다. 주요 배역은 언감생심 꿈도 꾸지 않았던 나는 얼른 그 역할을 하겠다고 자청했다. 그리고 '그런 역할을 왜 하려고 하나' 하는 친구들의 눈초리 속에서 만장일치로 그 배역을 따낼 수 있었다.

드디어 연극의 막이 올랐다. 연극이 중반쯤으로 치달았을 무렵, 내가 무대 위에 오를 순간이 다가왔다. 나는 무대 한가운데로 걸어가 상체를 앞으로 구부리고는 몸을 'ㄱ'자 모양으로 만들었다. 그러자 한 아이가 내 등 위에 빵이 놓인 도마를 올리고는 그걸 써는 시늉을 하기 시작했다.

그렇다. 내가 맡은 배역은 바로 '탁자'였다.

그 모습을 보고는 객석의 아이들이 배를 잡고 웃어댔다. 아이들의 웃음소리에도 아랑곳하지 않고 나는 의연하게 몸을 구부리고는 역할에 충실히 임했다. 물론 나도 모르게 얼굴이 화끈거리는 건 어쩔 수가 없었다. 연습할 때는 다들 심각했기 때문에 의식하지 못했는데, 보는 사람 입장에서는 내 역할이 참 우습고 바보 같을 수도 있을 거라는 생각이 들었다. 고작 몇 초에 불과한 그 순간이 마치 1시간이라도 되는 듯 길게만 느껴졌다.

연극을 끝내고 방으로 돌아오니, 같은 성당에 다니는 친구 하나가 잔뜩 부은 얼굴로 나를 맞았다.

"그런 역할 하니까 좋아? 우리 성당 아이들은 다 중요한 역할을 했는데 너만……."

아마도 그 친구는 같은 성당에 다니는 내가 그런 보잘것없는 배역을 맡았다는 게 무척이나 자존심이 상했던 모양이다. 하지만 그때 나는 친구의 그런 반응이 잘 이해가 되지 않았다. 나는 아무도 하지 않으려던 그 역할을 내가 할 수 있어서 좋았다.

나라고 왜 주인공이 되고 싶지 않았겠는가. 하지만 나는 내가 시현이 같은 아이가 못 된다는 사실을 잘 알고 있었다. 내 능력이 닿는 한도 내에서 연극의 한 부분을 담당할 수만 있다면 그걸로 나는 만족스러웠다.

누구나 주연 배우가 되기를 바랄 것이다. 하지만 모두가 주연이 될 수 없을뿐더러, 주연만 있는 연극도 없지 않은가. 연극이 막을 올리려면 주연뿐 아니라 조연과 단역이 필요하다. 하다못해 내가 맡은 '행인 1'이나 '인간 탁자' 역할을 맡을 배우도 있어야 하며, 그들 역시 열심히 해야 한 편의 연극이 훌륭하게 완성된다고 생각한다.

그리고 연극에서 단역을 맡았더라도 나는 내 인생에서만큼은 주연이다. 연극에서 단역도 마다하지 않을 정도로 열심히 살아가는 주연 말이다.

누구나 번듯한 일, 대단한 일, 그럴듯한 일을 하기 바라지만 사실은 맡고 있는 일을 충실히 해나갈 때 내 인생의 진정한 주연이 되는 것이리라.

요즘은 나도 무대에서 가끔 주연을 맡곤 한다. 전 세계 학자들 앞에서 연설을 하기도 하고, TV나 신문에 인터뷰가 실리기도 한다. 그리고 최고 교수로 선정되어 상을 받는 영광스러운 자리에도 선다. 단역 축에 끼지도 못하는 '인간 탁자' 역할을 하던 내가 주연 대접을 받을 때는 격세지감이 느껴지기도 하고, 어른들 말씀처럼 오래 살고 볼 일이라는 생각도 든다. 하지만 그 옛날, '행인1'과 '인간 탁자' 역할을 맡았을 때의 기쁨까지 잊은 것은 아니다.

나도 무언가 보탬이 되는 사람이라는 느낌, 그 작은 행복감을 잊지 않고 오늘도 개미만큼 미약한 힘이나마 세상에 보탤 수 있기를 간절히 기도해본다. 그리고 살아가며 어떤 일에 있어 주연이 되든 조연이 되든, 혹은 단역이 되든 그 역할에 충실한 삶을 살아갈 것이다.

웃음은 세상을 밝히는
힘이 있다

■ ■ ■

한밤의 피아노 콘서트

유학 생활 초기 노스롭 대학의 ESL(English as a second language) 과정 오리엔테이션 때였다. 그 대학의 ESL 과정에는 한국 유학생들이 유난히 많았다. 아무래도 한인 타운이 있는 LA 지역이라 그랬던 것 같다. 하지만 그 많은 한국 유학생들 가운데 단 한 명도 내게 말을 걸어주지 않았다. 말을 걸어주기는커녕 나를 힐끔거리면서 자기들끼리 수군대기까지 하는 것 같았다.

내 장애가 그들 눈에는 당연히 이상하게 보였을 것이며, 장애를 가진 사람이 유학을 왔다는 것 자체가 신기했을지도 모른다. 그렇다고 내 쪽에서 먼저 장애에 대해 일일이 설명하거나 기분 나쁜 눈초리로 보지 말아 달라고 할 수도 없는 노릇이었다.

사실 초등학교부터 고등학교에 이르기까지 언제나 학기 초마다 겪었던 일이라 새삼스럽지도 않았다. 학기 초에 나를 이상하게 보던 아이들도 몇 달 뒤에는 늘 달라졌다. 내 걸음걸이와 말하는 모양새가 이상하긴 해도 자기들과 똑같이 생각하고 공부하고 재미있게 놀 수도 있다는 사실을 알게 되기 때문이다. 시간은 내 편이고, 언젠가 오해가 이해가 될 날이 있다는 걸 알고 있었기 때문에 늘 그랬듯이 인내심을 갖고 그냥 기다려보기로 했다.

ESL 반 배치고사를 치르고 나는 중상 수준의 반에 배정이 되었다. 그 반에도 역시 한국 학생들이 많았다. 그들 대부분은 노스롭 대학의 ESL 과정을 한 학기 이상 마친 상태에서 그 반에 배정받은 듯했다. 서로 친숙하게 허물없이 농담을 주고받는 무리들 속에서 나는 외톨이였다. 수업이 끝나면 그들은 우르르 몰려 나가버렸다. 그러면 나는 텅 빈 교실에 혼자 남아 그날 배운 내용을 정리하다가 쓸쓸히 기숙사로 향하곤 했다.

그들 눈에는 내가 어떻게 비쳐졌을까. 몸이 불편하고 얼굴 근육도 제멋대로 움직이는, 말 한마디 없이 조용하고 자신감 없는 아이로 보였을 것이다. 그랬던 내가 그들과 친해지게 된 계기가 생겼다. 나름대로 그날의 사건을 나는 '한밤의 피아노 콘서트'라고 부른다.

노스롭 대학의 기숙사 학생회관에는 피아노가 한 대 있었다. 나에게는 정말 감사한 일이었다. 밤마다 피아노를 치며 밀려오는 향수병과 외로움을 달랠 수 있었기 때문이다.

손가락에 힘이 없어 연필조차 오래 쥐지 못하는 나를 위해 엄마는 유치원 때부터 피아노를 가르쳤다. 중간 중간 쉬기는 했지만 중학교 1학년 때까지 햇수로는 10년 가까이 피아노를 배웠다. 손동작이 정교하지 못해 빠른 곡이나 손가락 이동이 많은 곡을 연주하는 데는 다소 애를 먹지만, 웬만한 곡은 몇 번 들으면 대충 오른손으로 멜로디를 치고, 왼손으로는 코드를 잡으며 악보 없이도 연주할 수 있다.

ESL 과정을 시작한 지 한 달 정도 되었을 무렵이었다. 기숙사 방 책상에 앉아 이리저리 책을 뒤적이고 있는데, 한 한국인 학생이 책상 옆에 있는 창문을 노크했다.

"지금 한국 유학생들이 학생회관에 모여 있는데, 괜찮다면 피아노 연주 좀 해줄래?"

아무래도 한국 학생 가운데 누군가 밤마다 학생회관에서 피아노를 치는 내 모습을 보았던 모양이다. 갑작스러운 부탁이라 당황스럽긴 했었지만 나는 기꺼이 학생회관으로 내려갔다. 사람들 앞에서 말을 하라는 것도 아니고, 그저 피아노를 쳐달라는 부탁이니 부담이 덜했다. 그리고 한국 유학생들과 친해질 절호의 기회라는 생각도 들었다.

학생회관에는 열댓 명 정도 되는 학생들이 모여 있었다.

'도대체 저런 아이가 어떻게 피아노를 친다는 거야?'

그들 가운데 몇몇은 미덥지 못하다는 눈길로 나를 바라보았다. 나는 천천히 피아노로 다가갔다. 꽤 나이가 있어 보이는 아저씨 한 분이 어떤 노래를 연주할 수 있느냐고 물었다.

어디서 그런 용기가 났을까? 나는 얼굴에 미소까지 띠고 말했다.

"무슨 노래를 원하시는데요? 신청곡 받아요."

순간 사람들 사이에서 "와" 하고 웃음이 일었다. 호기심 반, 경계심 반이었던 사람들 표정이 순식간에 부드러워졌다.

"그럼 아무 곡이나 다 칠 수 있다는 거야?"

여기저기서 신청곡이 쏟아져 나왔다. 대부분이 한국에서 유행하고 있는 가요였다. 누군가가 갑자기 반색을 하며 말했다.

"'앗싸 호랑나비' 어때?"

그러자 사람들이 박수를 치며 열렬히 호응했다. 가수 김흥국의 '호랑나비'는 당시 한국에서 폭발적인 인기를 끌고 있는 노래였다. 귀에 익은 곡이니 피아노로 충분히 연주할 수 있을 것 같았다. 나는 침착하게 전주를 연주했다. 사람들이 내 피아노 소리에 맞춰 어깨를 들썩이기 시작했다.

"호랑나비, 앗싸, 한 마리가, 앗싸, 꽃밭에, 앗싸, 앉았는데, 앗싸."

한국 학생 열댓 명이 피아노 주변에 몰려들어 '앗싸 호랑나비'를 외쳐대는 모습이라니! 다들 어찌나 신이 났던지 노래를 부르며 박수를 치고, 심지어 김흥국이 추는 춤을 흉내 내기까지 했다. 낯선 미국 땅에서 영어와 고군분투하던 사람들은 그렇게 '앗싸 호랑나비'를 외쳐대며 향수병을 달래고 있었다.

분위기가 무르익자 이번에는 한 사람씩 돌아가며 노래를 부르기 시작했다. 노래를 안 한다고 사양하는 사람이 나오면 나는 피아노로 '노래를 못하면 시집을 못 가요. 아, 미운 사람' 하는 노래의 멜로디를 연주했다. 그러면 사람들은 배를 잡고 웃으며 내 반주에 맞춰 "아, 미운 사람" 하고 따라하면서 뒤로 빼는 사람을 기어이 이끌고 나가 노래를 부르게 만들었다.

그날 밤 흥거운 피아노 파티가 끝나고 하나둘씩 학생회관을 빠져 나가면서 사람들은 내게 칭찬을 한마디씩 건넸다.

"유선이 피아노, 진짜 잘 치더라."

"덕분에 너무 즐거웠어. 고마워."

그날 이후로 사람들이 나를 보는 시선이 180도 달라졌다. 말도 어눌하고 행동거지도 부자연스러운 내가 의외로 사람들을 즐겁게 해주는 재주를 갖고 있다고 생각한 모양이었다. 한국 유학생들 사이에서 나는 꽤 인기 있는 사람이 되었다. 피아노를 치는 자리든 아니든 나와 함께 시간을 보내려는 사람들이 많아졌다. 내 표정은 한결 밝아지고 유학 생활도 조금 더 즐거워졌음은 물론이다.

그때 만났던 듬직한 동갑내기 경모, 날씬하고 예뻤던 재현 언니,

재현 언니의 평생 동반자 자리를 차지한 수용 오빠, 나에게 참 잘 대해주었던 유정 언니, 내 첫사랑이었던 진호 오빠, 구수한 사투리의 소유자 마이클 아저씨, 체구는 작아도 카리스마가 넘쳤던 인환 오빠……. 그로부터 23년이라는 세월이 흘렀지만 지금도 그 사람들을 떠올리면 입가에 잔잔한 미소가 번진다. 그들은 지금쯤 어디서 무얼 하고 있을까.

대부분의 사람들은 장애인을 처음 만나면 어떻게 대해야 할지 몰라 부담스러워 한다. 여러 이유가 있겠지만 장애가 있으면 왠지 우울하거나 내성적인 성격일 거라는 선입견도 한몫할 것이다. 하지만 장애인이 우울하거나 비관적으로 세상을 사는 건 아니다. 내가 주위에 크고 작은 장애를 가진 분들을 통해 느낀 것은, 성격이 내성적일지언정 적어도 부정적인 마인드를 갖거나 비관적인 시각을 가진 장애인은 별로 없다는 것이다.

나 역시 낙천적인 성격과 유머 감각을 가지고 있다고 자부한다. 그리고 살아오면서 내가 가진 유머 감각 덕을 많이 본 편이다. 앞서 '한밤의 피아노 콘서트'처럼 노스롭 대학의 한국 유학생들과 친해지게 된 계기도 그 때문이었고, 조지 메이슨 대학원에서 보조공학을 전공하며 만난 동료들과도 낙천적인 성격과 유머 감각 덕분에 훨씬 더 가까워질 수 있었다.

조지 메이슨 대학원에서 보조공학 첫 수업이 있던 날, 나는 맨 앞에 자리를 잡고 앉아 있었다. 태어난 지 얼마 안 된 첫아이 하빈이를 남에게 맡기고 나온 만큼 최선을 다해야 한다고 생각했기 때문이었다. 강의 시간이 가까워오자 학생들이 하나둘 강의실을 채우기 시작했고, 곧이어 신디 조지 강사도 들어왔다.

신디 조지 강사는 들어오자마자 자연스럽게 자기소개를 하기 시작했다. 이는 사실 학부나 대학원 수업의 컴퓨터 공학 강의실에서는 매우 보기 드문 일이었다. 컴퓨터 공학 전공자들은 이과 출신답게 간략하고 효율적으로 수업을 이끌어간다. 그래서 그 학기 커리큘럼에 대한 간단한 브리핑을 마치고 나면 곧바로 수업에 들어가는 게 대부분이다.

그런데 첫 수업에 개인적인 이야기까지 섞어가며 자기소개를 하는 강사라니, 왠지 불길한 예감이 들었다. 내 예감은 적중했다. 자신에 대한 소개를 마치더니 맨 뒷줄부터 차례로 자기소개를 하라는 게 아닌가. 순간 바늘방석에라도 앉은 듯 마음이 불안해졌다. 그때는 AAC를 사용하기 전이라 여전히 여러 사람 앞에서 영어로 말문을 여는 게 어려웠다. 게다가 이런 심리 상태로는 한껏 일그러진 입매로 첫 음절만 더듬거리다 자리에 앉게 될 게 뻔했다. 그냥 나가버릴까, 아니면 첫 시간부터 망신을 당해야 하나. 별별 생각이 다 머릿속을 스치고 지나갔다.

결국 나는 자기소개를 글로 써서 옆 사람이나 강사에게 읽어달라고 부탁하기로 했다. 미국 유학을 오면서부터 AAC를 사용하기 직전까지 내가 주로 애용하던 방법이었다. 다행히도 나는 맨 앞자리에 앉아 있었기 때문에 글로 정리할 시간이 충분했다.

내 소개를 써내려가며 잠깐씩 다른 학생들의 자기소개에 귀를 기울여보니 대부분 학교 선생님으로 일하고들 있었다. 나는 "풀타임 교사다", "파트타임 교사다" 하는 식으로 자신을 소개했고, 결혼을 한 경우에는 가족 소개도 빼놓지 않았다. 별다른 직장도 없는 전업주부이자 8개월짜리 아들을 둔 엄마였던 나는 다른 학생들의 자기소개를 패러디해 유머러스하게 소개를 해보기로 마음먹었다.

내 차례가 되자 글이 적힌 종이를 강사에게 내밀며 기어들어가는 소리로 대신 읽어달라고 부탁했다. 강사는 흔쾌히 종이를 건네받고 읽기 시작했다.

"내 이름은 정유선입니다. 컴퓨터 공학으로 석사와 학사 학위를 받았습니다. 오늘 수업은 보조공학 분야에서의 첫 수업입니다. 잘 부탁합니다."

강사가 쪽지를 읽기 시작하자 사람들은 호기심 어린 눈초리로 나를 바라보았다. 자기소개도 스스로 할 줄 모르는 사람이 누구인가 궁금했던 모양이다.

"참, 그리고 저는 파트타임 학생이자, 오버타임 엄마입니다."

강사가 마지막 대목을 읽자 여기저기서 웃음이 터져 나왔다. 짧은 순간이었지만 나는 그 대목을 읽기 전과 후, 사람들의 시선이 확연하게 달라졌다는 걸 느낄 수 있었다. 처음에 내 이름과 전공 배경을 이야기할 때는 별 관심을 보이지 않던 학생들이, '파트타임 학생이자 오버타임 엄마'라는 이야기를 듣고는 한결 친밀감 있는 눈길을 보내왔다.

나름 인상적인 자기소개 덕분에 나는 그 수업을 듣는 동료들과 좋은 관계를 유지할 수 있었고, 박사 학위를 준비할 때도 많은 도움을 받았다.

나는 지금도 학생들 앞에서 강의할 때 항상 웃음을 지으려 노력한다. 학생들에게 새로운 보조기기를 소개해줄 때 신이 나서, 또 학생들의 반응이 좋으면 더 흥이 나서 웃음이 떠나질 않는다.

때로는 너무 피곤해서 서 있을 힘조차 없을 때, 또는 학생들이 별로 호응을 안 해주거나 몰래 다른 짓을 해서 화가 날 때도, 나는 억지로라도 웃음을 지어 보인다.

웃음 치료사 이미숙 아가다 수녀님께서는 "신이 우리에게 주신 가장 큰 선물 두 가지는 눈물과 웃음이에요. 눈물에는 치유의 힘이 있고, 웃음에는 건강이 담겨 있죠. 기쁠 때 몸 안팎으로 드러나는 가장 큰 행동이 웃음입니다"라고 말씀하셨다. 또 웃음만큼 감염과 전염성이 강한 게 없다고 강조하셨다.

웃을 때 좌측 대뇌의 전두엽이 엔케이팔린, 엔돌핀 등 좋은 호르몬을 많이 분비하는데, 흥미로운 사실은 뇌는 진짜 웃음과 가짜 웃음을 구별하지 못하기 때문에 억지로 웃어도 90퍼센트는 효과가 있다고 한다. 철학자 윌리엄 제임스도 '행복하다고 모두 웃지는 않는다. 우리는 웃기 때문에 행복해질 수 있다'라고 했는데, 그 말이 과학적으로 근거가 있었던 것이다. 나는 이 이론에 무릎을 탁 칠 수밖에 없었다.

'강의 시작하기 전에 서 있을 힘조차 없을 때에도 강의를 일단 시작하면 엔돌핀이 팍팍 도는 이유가 억지로라도 웃음을 짓기 때문이었구나.'

내게 강의를 듣는 학생들은 나에 대해 '유쾌한 사람', '타인을 즐겁게 하는 능력이 있는 사람'이라고 평가하고 "정 교수의 즐거움이 다른 사람들에게 전염됩니다"라고 말해준다. 이런 평가를 들을 때마다 내게 다른 사람의 기분을 밝게 해주고 웃게 해줄 수 있는 능력이 있다는 걸 기쁘게 생각하고, 늘 주변 사람들과 웃음을 나눌 수 있는 기회를 더 많이 찾아야겠다고 생각한다.

내 상황은 항상 치열했지만, 그 속에서도 언제나 유머 있는 태도를 잃지 않으려고 노력해왔다. 끔찍하게 힘들고 외로워도 나는 어느새 대책 없는 낙관주의로 빠져들곤 했다.

'그래, 걱정하지 말고 일단 노력해보자. 내가 말하는 거 빼고 못하는 게 어디 있겠어?'

그렇게 낙관하고 웃어도 안 될 때 나는, 아가다 수녀님의 말씀처럼 눈물의 치유력을 빌리기도 했다. 마음이 너무 시끄럽거나 슬플 때는 일부러 슬픈 영화나 감동적인 휴먼 다큐멘터리를 찾아보며 눈물을 흘릴 수 있을 만큼 펑펑 쏟아낸다. 그러다 보면 어느새 시끄러웠던 속이 안정을 되찾아가는 것을 느낀다.

마크 트웨인은 '천국에는 유머가 없다'고 했다. 유머의 본질은 기쁨이 아니라 슬픔에 있다는 의미일 것이다. 내가 슬픔에 더 익숙한 처지이기 때문에 유머에도 일가견이 있는 게 아닌가 생각해본 적도 있다.

천국에는 유머가 없을지 몰라도 유머와 긍정적인 사고가 있는 곳이면 거기가 어디든 천국이 아닐까? 자연스럽게 걷지 못해도, 말할 때 어려움이 있어도 자신에 대한 긍정과 유머 감각이 있는 한, 나의 매일매일은 천국이자 축복이다.

운명에 등 돌리고
도망가지 마라

...

언제나 정면 돌파

생각해보면 참 미련하다 싶을 정도로 정면 대결만을 하며 살아온 시간들이었다. 내게 주어진 일에서 단 한 번도 도망가는 일 없이, 힘들면 힘든 대로 고통스러우면 고통스러운 대로 견디면서 오늘까지 온 듯싶다. 그럴 수 있었던 이유는 다른 이들보다 더 많은 좌절과 고통에서 얻은 교훈으로 더 단단히 무장할 기회를 가질 수 있다고 믿었기 때문이다.

그래도 누군가 내게 가장 고통스럽게 견딘 시간이 언제냐고 묻는다면, 나는 서슴없이 유학 초기라고 대답하겠다.

1989년 가을, 유학이라는 선택이 내게 어떤 결과를 가져올지 미처 예상하지 못한 가운데, 나는 미국으로 출국했다. 돌아보면 당시 나의 도전은 용감하다 못해 참 무모했다. 우리말 발음도 제대로 하지 못하던 내가 영어로 말하는 데 문제가 있을 거라고 예상했을 터인데, 어떻게 혼자 유학길에 오를 생각을 했을까. 부모님은 무슨 용기로 몸이 부실한 딸을 혼자 떠나보낸 생각을 하셨는지 참 알다가도 모를 일이다.

미국에 와서 나는 로스앤젤레스에 위치한 노스롭 대학에서 ESL 수업을 듣는 걸로 유학 생활을 시작했다. 일반 유학생도 그럴 테지만, 특히 나에게는 영어가 보통 문제가 아니었다. 한국에서 영어 문법이나 단어 공부를 열심히 했기 때문에 수업 내용 자체를 따라가는 데는 큰 어려움이 없었다. 문제는 말하기, 즉 회화에 있었다.

머릿속에는 완벽한 문장이 준비되어 있었지만 입에서 첫 마디만 뱅뱅 맴돌 뿐 도무지 발음이 되질 않았다. ESL은 그 특성상 발표하거나 대화하는 형식으로 수업이 진행되는데, 그때마다 내 입은 덜덜 떨리기만 하고 단 한마디의 영어도 입 밖에 내지 못했다. 별 수 없이 나는 옆자리에 앉은 친구의 입을 빌려 발표를 해야 했다. 내가 발표할 내용을 글로 적어 친구에게 주면 나를 대신해 읽어주는 식이었다.

그러던 어느 날, 언제나 나 대신 발표를 해주던 친구 경모가 이렇게 말했다.

"유선아, 사람들이 나더러 이제 너 대신 읽어주지 말래. 네가 직접

해. 너도 할 수 있잖아."

ESL 수업을 함께 듣는 학생들 사이에서 내 이야기가 도마 위에 올랐던 것이다. 하긴 그네들 말에도 일리는 있었다. 우리말로는 어눌하게나마 대화를 하니 영어도 노력해보라는 건 당연한 일이었다.

하지만 당사자인 나는 그게 도무지 되지가 않았다. 영어를 입 밖으로 발음하는 일만큼은 '해도 안 되는 일'이라는 생각이 들었다. 지금까지 어떤 일도 중도에 포기한 적이 없지만, '영어로 말하기'라는 장벽에 부딪히자 난생 처음으로 도망가고 싶다는 생각이 들었다.

그로부터 3개월 후인 1990년 1월, 나는 이모가 사는 버지니아 주로 거처를 옮기고 집 근처의 조지 메이슨 대학에서 다시 ESL을 시작했다. 내 말문은 거기서도 트이지 않았고, 심한 좌절감을 느끼고 우울감에 빠져 있었다.

당시 수업 가운데 미국 학생들과 일대일로 대화 파트너를 정하고 프리 토킹을 하는 과정이 있었다. 다른 친구들은 미국인 파트너와 재미있게 수다를 떨었지만, 나는 그 시간만 되면 식은땀을 흘리며 얼굴을 일그러뜨리고 있었다. 내 파트너는 그런 나를 기다려주고 이해할 만큼 아량이 넓지 않았다. 하긴 사전 교감이 전혀 없고 나에 대해 알지 못하는 상태에서 그런 배려를 기대한 것 자체가 무리였는지 모른다.

한번은 학교에서 조금 떨어진 햄릿 고등학교에 가서 그곳 학생들과 어울리며 미국의 학생 문화와 생활 영어를 경험해보는 시간을 갖게 되었다. 거기서도 나는 첫 음절만 계속해서 더듬다가 결국에는 단 한마디도 하지 못했다. 아직 어린 고등학생들은 노골적으로 이상하다는 시선을 내게 보냈다. 유색인종 장애인이 영어 한마디 하지 못하고 얼굴만 일그러뜨리고 있으니, 그 아이들 눈에 내가 곱게 보일 리 없었을 게다.

이런저런 일로 자존심에 상처를 입은 나는 자신의 한계를 인정하고 그만 물러나야 하는 게 아닐까, 심각한 고민에 빠졌다. 당시 약 1년에 걸쳐서 내가 쓰던 수첩을 보면 '죽고 싶다'라는 글귀가 자주 띈다. 나는 왜 장애인으로 살아야 할까, 세상이 원망스럽고 나 자신이 싫다는 내용도 보인다.

1990년 4월

정말정말 아무것도 하지 않은 채 또 일주일이 흘러갔다. 요즘 들어 나 정유선의 한계를 절실히 느끼고 있다. 특히나 햄릿 고등학교에서 더욱더.

죽고 싶다.

죽고 싶다.

죽고 싶다.

죽으면 아무 고통 안 받을 텐데. 그러나 우리 엄마 아빠는 내가 죽고 나서 어떻게 될까? 나는 왜 이렇게 태어났어? 왜?

1990년 6월

엄마, 보고 싶어. 정말 요즘은 하루에 몇 번씩 죽고 싶다는 생각이 든다. 친구들과 있을 땐 거기에 맞추느라 일부러 활발한 척하지만, 혼자 있을 때 이토록 쓸쓸함, 우울함, 허망감이 느껴지는 건 왜일까? 왜긴 왜야? 내가 병신이니까 그렇지. 말도 못하고 걸음도 제대로 못 걷는 병신이니까. 병신. 병신. 뭐 병신이 공부만 잘한다고 다 알아주나?

1990년 7월

괴로워도 슬퍼도 나는 안 울어. 참고 참고 또 참지 울긴 왜 울어. 아무리 이렇게 생각하려 해도 자꾸만 울고 싶어진다. 아무래도 한국으로 가야겠다는 생각이 내 마음을 온통 뒤집어놓는다. 나만 왜 이렇게 고통을 당해야 하는지 모르겠다. 정말 왜 이렇게까지 하면서 살아야 하는가! 죽고 싶지만 엄마, 아빠 때문에 죽지도 못한다. 아니! 이것은 핑계일까? 이렇게 고통스럽게 살면서도 죽지 못하는 이유는 '오기'일까?

1991년 2월

정말 너무 답답하다. 이 마음을 과연 어떻게 그 누구에게 털어놓아야 할까? 난 왜 이렇게 매 순간을 고통스럽게 살아야 하는가? 앞으로 살아가야 할 남은 나날들이 지옥 같이 보인다. 남들은 나에게 장하다고들 하지. 그러면 그럴수록 나는 더욱더 비참해지는 것도 모르고.

한번은 ESL 과정을 함께 듣는 친구의 생일 파티에 초대되어 가게되었다. 그날 사람들이 생일 축하 노래를 장난스럽게 개사해서 불렀다.

"왜 태어났니? 왜 태어났니?"

그 노래 가사가 마치 나를 향한 듯 느껴졌다.

'그래, 정유선 너는 왜 태어났니? 왜 태어나서 이리도 힘들게 살고있니?'

한창 예민하던 사춘기 시절에도 이렇게까지 심하게 나 자신을 미워해본 적이 없었던 것 같다.

너무나 고통스럽고 힘들어 몇 번이나 한국으로 돌아가자고 마음먹었다가도 나는 그렇게 할 수가 없었다. 포기하고 싶을 때마다 머릿속에 부모님이 떠올랐다. 내가 지금 돌아가면 두 분은 얼마나 마음이 아프실까. 몸이 성치 않은 딸을 미국에 보내놓고 마음 졸이며 지내고 계실 부모님을 생각하니 내 고통쯤은 아무것도 아닐지 모른다는 생각이 들었다.

나는 도망치는 대신 다시 한 번 이를 악물고 버텨보기로 했다. 나의 강점은 바로 끈기 아니던가.

게다가 세 살배기 어린 시절부터 힘든 물리치료와 아픈 주사도 꿋꿋하게 버텨온 나 아니던가.

연세재활원 시절 내 별명은 '쥐방울'이었다고 한다. 당시 세 살이었던 나는 재활원에 입원한 아이들 가운데 가장 어렸는데, 작은 꼬맹이가 하도 여기저기 잘도 돌아다닌다고 해서 선생님들이 붙여주신 별명이었다.

"유선아, 시계 바늘이 여기에 오면 물리치료 가야 된다"라고 물리치료사 선생님이 설명해주시면, 어린 나는 그걸 잘 새겨듣고 있다가 제 시간에 선생님과 손을 잡고 물리치료실로 향했다고 한다.

사실 물리치료는 재활원에 입원해 있는 아이들에게 참으로 괴로운 시간이다. 잘 쓰지 않는 근육을 늘리고 굳어 있는 근육을 풀어주는 꼭 필요한 치료였지만, 그 고통은 이루 말할 수 없기 때문이다. 그래서 물리치료가 싫어 도망가는 아이를 선생님이 붙잡으러 다니는 건 재활원에서 흔하게 볼 수 있는 광경이었다.

그런데 엄마 말씀이, 나는 물리치료 시간이 되면 자진해 선생님 손을 끌고 치료실로 갔다고 한다. 그렇다고 내가 받은 물리치료의 강도가 다른 아이들에 비해 약했던 건 아니다. 가장 기본적인 치료는 양반다리로 앉힌 채 양쪽 무릎을 꾹꾹 눌러주는 것이었다. 건강한 사람에게는 별것 아닌 그 동작이 당시의 내 다리 상태로는 엄청난 고통이 따르는 것이었다. 다리 근육이 많이 좋아진 요즘도 양반다리로 앉는 건 쉽지 않으니 당시에는 말할 것도 없었을 것이다. 게다가 그 상태에서 두 무릎을 누르기까지 했으니, 어린 내 입에서는 연신 "아야, 아야"

하는 비명이 터져 나왔고 눈에는 눈물이 맺혔다고 한다.

내가 물리치료 말고 잘하는 게 또 있었단다. 주사 맞고 약 먹는 것이다. 다른 아이들은 주사를 맞지 않으려고 삼십육계 줄행랑을 놓는데, 나는 침착하게 앉아서 선생님이 주사 놓기를 기다리고 있었을 뿐 아니라, 주사를 맞는 동안에도 절대 울지 않았다고 한다.

약 먹을 때두 마찬가지였다. 약을 주면 고개를 끄덕이고는 잘 받아 먹었다는 것이다. 약 먹기 전에 얼굴을 찌푸리기는 해도 안 먹는다고 도망가거나 우는 일은 단 한 번도 없었단다.

지금 생각하면 어린 쥐방울은 알고 있었던 것 같다. 어차피 피할 수 없는 거라면 도망쳐봤자 소용이 없다는 걸, 도망치기보다는 차라리 정면으로 맞서는 게 오히려 나을 수도 있다는 걸 말이다.

유학 시절 힘들 때면 나는 재활원 시절을 회상하면서 스무 살의 정유선도 어린 쥐방울처럼 잘할 수 있다고 자신을 다독였다.

죽을 만큼 힘든 시기가 지나고 숨통이 틘 것은 조지 메이슨 대학 입학 허가서를 받고서였다. 입학 허가를 받고 ESL 강의실이 아닌 정식 대학 과목을 수강하러 강의실에 들어서자 가슴이 떨려왔다. 그토록 간절히 바라던 대학생이 되었다는 게 비로소 실감이 나고, 외국 학생들과 어깨를 나란히 하고 앉은 내 모습이 새삼 대견하게 느껴지기도 했다.

'그래, 지금처럼만 하자.'

이 강의실이 내게 어떤 가능성을 열어줄지 아직은 모르지만 힘들고 괴롭다고 주저앉지만 않는다면 뭐든 할 수 있을 것이라는 자신감이 생겼다. 여전히 막막한 미래일지라도 어쨌든 꿈을 향해 한 발 내딛었다는 희망도 갖게 되었다.

'운명이 내 앞에 아무리 모질고 거센 시련을 준비했다 해도 나는 도망치지 않고 꼿꼿이 맞서 싸울 거야.'

당시 강의실에 들어갈 때마다 이 말을 얼마나 되뇌었는지 모른다.

대학에서 전공 선택에 있어 나는 신중에 신중을 기했다. 내가 공부하고 싶은 분야가 선택의 가장 우선이 되어야 하지만, 내가 잘할 수 있는 분야, 특히 내 신체 조건으로 끝까지 해나갈 수 있는 분야여야 한다는 점도 깊이 고려했다.

오랜 고민 끝에 나는 '컴퓨터 공학'으로 전공을 택했다. 컴퓨터에 대해 잘 몰랐지만, 새로운 분야를 공부해보고 싶다는 욕심과 미래에 내가 직업을 갖기에도 그 분야가 유리할 것 같다는 생각 때문이었다. 그리고 가장 자신 있는 과목인 수학과 비교적 연관이 많다는 것도 결정에 영향을 미쳤다.

그러나 이렇게 전공을 선택한 이후 나는 그야말로 수난의 나날을 보냈다. 미국에서 초중고를 다닌 학생들은 이미 컴퓨터 자판을 치는 것에 익숙해 있었지만, 나는 자판 치는 방법도 몰라 혼자 배우느라 쩔쩔매고, '소프트웨어'라는 말에 '컴퓨터도 물렁한 게 있나?' 하면서 고개를 갸웃거리기도 했다. 컴퓨터 프로그램을 만들어 오라는 과제가 떨어지면 나는 그날부터 컴퓨터 랩에서 24시간 상주하며 머리를 싸맸다. 그렇게 만든 프로그램에 자꾸만 에러가 날 때면 그야말로 머리카락을 쥐어뜯고 싶은 심정이었다.

전공과목 점수가 처음에는 생각보다 좋지 않았다. A는 단 하나, 대부분이 B였고, 심지어 C도 있었다. 어릴 때부터 성적 관리만큼은 자신 있다고 자부하던 나에게 충격적인 성적표였다. 다른 친구들보다 더 늦게 출발했고 더 천천히 갈 수밖에 없는 조건 때문에 나는 조바심을 느끼며 새벽 2, 3시까지 도서관에서 책을 보고 또 봤다. 하지만 나는 항상 불안했다. 아무리 해도 다른 학생들을 따라잡을 수 없을 것만 같은 자괴감이 나를 괴롭혔다.

어느 날 새벽 3시가 다 되도록 도서관에서 공부를 하다 집으로 돌아가는 길이었다. 피곤한 몸을 이끌고 천천히 운전을 하고 있는데, 갑자기 눈앞에 시커먼 형체가 나타났다. 깜짝 놀라 차를 세우고 보니 사슴이었다. 이모님 댁으로 가는 도로 쪽에는 유난히 숲이 우거져 있어서 종종 산짐승이 출몰하곤 했다.

도로에 뛰어든 사슴은 헤드라이트가 켜진 내 차를 보고도 별로 놀라는 기색이 없었다. 사슴은 커다란 눈을 들어 나를 바라보았다. 침착하고 온순해 보이는 눈이었다.

얼마나 시간이 지났을까. 그렇게 서로의 눈을 바라보고 있는데, 갑자기 내 뺨 위로 뜨거운 것이 흘러내렸다. 차라리 내가 저 사슴이었다면, 뇌성마비 장애인 정유선이 아니라 저 사슴이었다면 더 행복했을 거라는 생각이 들었다. 착하디 착한 눈망울의 사슴은 곧 내게 시선을 거두고 아무 일도 없었다는 듯 어슬렁어슬렁 도로를 가로질러 숲속으로 들어갔다.

새벽 3시, 아무도 없는 깜깜하고 적막한 도로 위에 홀로 남은 나는 핸들에 머리를 묻고 울었다. 알 수 없는 서러움과 슬픔이 가슴 깊숙한 곳에서부터 목구멍으로 솟구쳐 울음을 멈출 수가 없었다.

하지만 그 다음 날도 나는 아무 일도 없었다는 듯 도서관으로 향했다. 그리고 도서관 문을 닫을 때까지 엉덩이를 붙이고 앉아 공부를 하다 그래도 더 해야겠다 싶으면 학생회관으로 갔다. 그곳 홀에는 소파가 꽤 많이 있었는데, 도서관 문이 닫힌 후 밤을 지새우며 공부하기에 제격이었다.

잠자고 씻고 먹는 시간까지 줄여가며 공부 시간을 늘리고, 책상 앞에서 죽기 아니면 까무러칠 각오로 매달리니 드디어 성과가 나타나기 시작했다. 한 학기에 다섯 과목을 수강한 나는 컴퓨터 전공과목

세 개와 교양과목 두 개 모두 A를 받는 쾌거를 이루었다.

성적을 확인한 날, 집으로 돌아오는 차 안에서 있는 힘껏 환호성을 질렀다. 열린 차창으로 불어오는 바람이 내 환호성을 싣고 저 멀리 사라졌다.

당시의 내 모습을 누군가 봤다면 정신병원 요양이 필요하다고 판단했을지도 모르겠다. 하지만 누가 뭐래도 상관없었다. 주체할 수 없는 기쁨으로 나는 계속해서 환호성을 질러댔다. 그건 미래에 도사리고 있을지 모를 시련에 보내는 나의 전쟁 선포나 마찬가지였다. 내일 내게 닥칠 모든 것을 받아들일 준비가 되어 있다는!

"운명아, 덤벼라. 나는 도망가지 않는다. 나는 절대 네게 등을 보이지 않는다!"

인생이란 자신의 최종 목적지를 향해 걸어가는 길이라고 생각한다. 그 길의 모양은 사람마다 모두 다를 것이다. 어떤 사람은 남들보다 좀 더 울퉁불퉁한 비포장도로를 걸을 수도 있고, 또 어떤 이는 아주 잘 닦인 아스팔트를 걸을 수도 있다.

비포장도로건 아스팔트건 누구나 자신의 길에서 장애물을 만나 부딪치기 마련이다. 중요한 것은 장애물이 나타났을 때 등을 보이고 달아나느냐 맞서 넘어가느냐이다.

나는 내 삶의 고난과 역경을 그저 삶의 한 부분으로 받아들이고 이겨내려고 했다. 인생의 고비마다 넘어야 할 산을 마주친 거라고 생각하면서 말이다. 울퉁불퉁한 길을 지나 장애물을 넘고 넘어 오른 산꼭대기에는 분명 시원한 바람이 기다리고 있을 테니까.

편견이란 깨지라고
존재하는 것이다

■ ■ ■

내가 하는 일이 미친 짓이라고?

아버지는 어린 시절부터 내게 공부를 열심히 해야 한다고 항상 말씀하셨다. 이는 여느 아버지가 자식들에게 하는 상투적인 조언이 아니었다. 뇌성마비 장애인 딸이 당당하게 세상을 살아갈 무기는 공부밖에 없다는 걸 너무나 잘 알고 있는 아버지의 간곡한 당부였다.

"유선아, 공부를 잘하면 세상 사람들이 너를 얕잡아 보지 못한다. 그래야 네가 세상의 편견과 선입견에 맞서 잘 살 수 있는 거야."

아버지의 그런 '세뇌 교육' 덕분일까. 나는 초등학교 때부터 공부를 참 열심히 했다. 까까머리 중학생 오빠보다 더 열심히 공부해 지금도 엄마는 "시험 기간에 보면 중학생 오빠는 책상에 엎드려 자고 있어도, 초등학생인 유선이는 눈에 불을 켜고 교과서를 통째로 외우다시피 하고 있었다"라고 하신다.

공부 잘하는 사람은 크게 두 부류로 나뉜다. 머리가 비상해서 크게 노력하지 않아도 잘하는 사람이 있는가 하면, 책상 앞에 죽어라 엉덩이를 붙이고 앉아 책만 파는 이른바 엉덩이로 공부하는 사람이 있다. 나는 후자에 속한다. 쪽지 시험 하나도 성실히 준비했고, 출제 가능성이 거의 없는 부분이라도 혹시나 하는 마음에 샅샅이 외우고 모두 익혔다. 단어 하나를 외우더라도 사전에서 그 뜻을 찾아보는 건 물론이고 반대어와 유사어까지 외워야 직성이 풀렸다. 한마디로 무식하게 공부했다는 표현이 딱 맞다.

내가 이렇게까지 공부를 열심히 한 이유는, 당시 부모님을 기쁘게 해드릴 수 있는 유일한 길이 그것밖에 없었기 때문이다. 받아쓰기에서 100점을 받아오거나 '수'로 채워진 성적표를 보여드리면 부족한 딸내미 때문에 속 끓이고 마음 아픈 부모님이 조금은 행복해지실 거라고 생각했던 것 같다.

그런데 이렇게 시작한 공부가 하면 할수록 재미있어지기 시작했다. 어떤 특정 분야에 소질이나 재주가 있으면 거기에 푹 빠질 만큼 재미를 느끼게 되는데, 내게는 공부가 그랬다. 내게 맞는 학습법이 무엇인지, 성적을 잘 받으려면 어떻게 해야 하는지, 누구에게 배운 것도 아닌데 스스로 터득하게 되었다. 내 나름대로 '성적 잘 받기 프로젝트'를 세우고, 그대로 실천하며 그 결과를 확인하는 게 무척 즐겁고 재미있었다.

공부가 재미있고, 학습법까지 스스로 터득하니 성적은 두말할 나위 없이 좋았다. 내 초등학교 성적표는 예체능 과목만 빼고 온통 '수'로 채워져 있다. 고등학교도 아니고 초등학교 때 성적이 뭐 그리 중요하냐고 생각할 수도 있지만, 내게 그건 단순한 성적표가 아니었다. 나도 잘하는 게 한 가지 정도는 있다는 걸 세상에 보여주는 증명서와 같은 것이었다.

내가 공부를 잘한다는 걸 알게 되면 친구들도 선생님도 나를 다르게 보았다. 말도 제대로 못하고 걷는 것도 영 엉성하다고 우습게 보는 사람은 아무도 없었다. 그러기는커녕 오히려 함께 시험 준비를 하자는 친구들까지 생겨났다. 수학 문제만큼은 선생님보다 내게 설명을 듣는 게 훨씬 이해하기 쉽다는 것이었다.

함께 공부하고 이야기할 기회가 많아지니 친구들은 내가 장애가 있긴 해도 자신들과 똑같은 관심사를 가진 평범한 아이라는 걸 알게 되었다. 그리고 나를 이해하면서 점차 마음을 열어주었다.

미국에 와 박사 학위를 받고, 강단에 서고, 사랑하는 평생 동반자를 만나 결혼을 해 두 아이의 엄마가 된 내 삶은 매 순간이 세상의 편견에 맞서는 저항의 과정이었다 해도 과언이 아니다. 그런 내 삶이 여러 사람들에게 알려지게 된 계기도 바로 박사 학위 취득, 바로 공부 덕분이었다.

조지 메이슨 대학에서 박사 학위를 받은 후, 한국 신문사들로부터 인터뷰 요청이 쇄도했다. 내가 한 일이 과연 그럴 만한 가치가 있을까, 너무 요란하게 포장되는 건 아닐까, 많은 고민을 했다. 하지만 내 이야기가 단 한 사람에게라도 희망이 될 수 있다면, 단 한 사람의 편견이라도 깨뜨릴 수 있다면 나는 그 일을 해야만 했다.

이후 정유선이라는 이름은 뇌성마비 장애를 딛고 미국에서 박사학위를 받은 첫 번째 한국인으로 신문 지상에 오르게 되었다. 그 기사가 나간 이후 나는 많은 사람들로부터 메일을 받았다. 내 사연으로 인해 살아갈 희망과 용기를 얻었다는 뇌성마비 고등학생도 있었고, 장애인에 대한 편견을 버리게 되었다고 소감을 밝혀주신 아주머니도 계셨다. 이런 반응들을 접하며 나는 참 행복했다.

내가 깨뜨린 편견은 손톱만큼 미약하고 작은 부분이리라. 하지만 내가 거대하고 단단한 편견의 벽에 작은 흠집이라도 낼 수 있었다면 그것만으로도 충분히 만족스럽다. 원래 균열이란 개미구멍만큼 작은 흠집으로 시작되는 게 아니던가.

세상의 편견에 당당하게 저항하는 사람이 한 명, 두 명 늘어날수록 편견의 벽에 생길 균열에도 가속도가 붙을 것이다.

2008년 베이징 올림픽에서 8관왕의 영예를 안은 펠프스는 어릴 때 ADHD, 즉 주의력결핍 과잉행동장애 진단을 받았다고 한다. 수영처럼 고도의 집중력과 자기 조절 능력이 필요한 분야에서 ADHD를 가진 사람이 두각을 드러낼 수 있으리라고 누가 기대했겠는가. 하지만 펠프스는 그게 충분히 가능한 일이라는 것을 온몸으로 증명해 보였다. ADHD에 대해 사람들이 갖고 있는 편견의 벽에 그야말로 치명타를 날린 것이다.

몇 년 전에 인터넷에서 매우 흥미로운 이야기를 접했다. 한 청각장애인 소녀가 매우 뛰어난 스포츠댄서로 활약하고 있다는 내용이었다. 그 소녀는 귀로 음악을 듣는 게 아니라, 피부로 느끼면서 스텝을 밟는다고 했다. 음악이 울려 퍼질 때 바닥에 전해지는 미세한 진동을 통해 리듬을 타고 춤을 춘다는 것이다. 그런 믿지 못할 일을 가능하게 만들기까지 그 소녀가 흘린 눈물과 땀의 양이 얼마나 많았을까. '듣지도 못하면서 무슨 춤이냐'고 비웃는 사람들은 둘째 치고, 청각장애인과 파트너가 되기 싫다며 도망간 파트너도 수없이 많았다고 한다.

그런 일을 겪으며 엄마와 부둥켜안고 울었다는 그 소녀의 이야기를 듣고 나는 묘한 동질감을 느꼈다. 세상의 편견에 맞서는 나의 무기가 공부였다면 그 소녀의 무기는 춤이었다. 듣지 못하지만 들을 수 있는 사람보다 더 훌륭한 춤을 추겠다고 생각한 그 순간, 그 소녀는 세상의 편견뿐 아니라 자신 안의 편견도 무너뜨린 셈이다.

또 눈이 전혀 안 보이는 화가를 유튜브에서 동영상으로 본 적도 있다. 터키에 살고 있는 이 남자는 태어날 때부터 눈이 없었지만, 어린 시절부터 그림을 그려왔다고 한다. 그는 일단 그려야 할 물체를 만져 형체와 질감을 익힌 후 화폭에 담기 전에 그걸 완전히 머릿속에 입력시킨다. 그래서 마치 눈으로 보듯이 구도와 공간 감각을 완벽하게 갖춘 그림을 화폭에 그려낸다.

더욱이 놀라운 것은 물감을 손으로 만져서 색깔을 구분한다는 것이다. 그렇게 색깔을 알아맞히는 모습을 동영상으로 직접 보면서도 내 눈을 의심하지 않을 수 없었다.

하긴 이런 예들을 멀리서 찾을 것도 없다. 연세재활원에서 만났던 언니 오빠들 중에도 세상과 자신 안의 편견을 깬 사람들이 많다. 그중 김인호 오빠가 특히 기억에 남는다. 1980년대 초에 만들어진 영화 〈돛대도 아니 달고〉의 실제 주인공이었던 오빠는 나와 같은 뇌성마비 장애인이다. 하지만 장애 정도는 나보다 훨씬 심하다. 자유롭게 운신하지 못해 항상 휠체어에 의지해야 하고, 혼자서 밥을 먹을 수도, 화장실에 갈 수도 없다. 잠자리에 들 때도 누군가의 도움을 받아야만 한다.

그러나 인호 오빠의 약력은 화려하기만 하다. 중학교 때 온 가족이 미국으로 이민을 온 뒤, 오빠는 미국에서 살아남기 위해 이 악물고 영어를 배웠고, 물리학으로 학사 학위, 천문학으로 석사 학위, 그리고 또 특수교육으로 두 번째 석사 학위를 받았다. 그 이후 몇 년 동안 LA 교육청에서 특수교육 관련 공무원으로 일하다가, 지금은 천문학으로 UC 버클리 대학에서 박사 학위 과정 중이다. 그저 대단하고 존경스럽기만 하다.

일상생활에서 내가 영어로 한 마디 한 마디 하는 것이 얼마나 힘이 드는지 잘 아는 동료 크리스틴은 지금도 내가 강의를 하는 것에 대해 "인세인(Insane, 미친 짓)!"이라고 반어법을 써 표현한다. 크리스틴은 내가 그 '미친 짓'을 하고 살기 위해, AAC를 사용해 강의를 하기 위해 얼마나 많은 시간과 노력을 투자하는지, 얼마나 힘이 드는지 옆에서 봐와서 잘 알기에, 불가능할 것 같은 일을 가능한 일로 바꾸어 낸 나의 '미친 짓'에 찬사를 보내는 것이다.

세상에 불가능은 없다. '넌 할 수 없다. 그건 네게 불가능한 일이다'라고 세뇌시키는 세상의 편견을 향해 멋지게 한 방 날려보자. 편견이란 깨지라고 존재하는 것이다.

그래서 사랑이 아니라
그럼에도 불구하고 사랑이다

■ ■ ■

내 진가를 발견해준 고마운 사람

언론 매체와 종종 인터뷰를 할 때 기자들이 자주 하는 질문 가운데 하나가 바로 결혼에 관한 것이다. 장애를 가진 내가 비장애인 남자를 만나 결혼한 것이 신기하기도 하고 그 과정이 자못 궁금한 모양이다. 결혼에 골인하기까지 어려운 점이 없었는지 묻곤 한다. 그럴 때면 나는 웃으면서 대답한다.

"공부 잘하지, 요리 잘하지, 내가 뭐 부족한 게 있나요? 사실 결혼 반대라면 저희 부모님도 만만치 않았어요. 남편 나이가 많다고 얼마나 반대하셨는데요."

겉으로는 호기 있게 말하지만 나도 잘 알고 있다. 나와 결혼하고 아이를 낳아 키우기까지 남편이 감당해야 했던 무게가 호락호락하지 않았다는 것을……

남편을 만난 건 유학 때였다. 그는 유학 시절 함께 살던 룸메이트의 사촌오빠였다. 룸메이트 덕분에 지언스럽게 자주 얼굴 볼 기회가 생겼는데, 그러다 보니 서로에 대한 호기심이 생겼다. 그리고 그 호기심이 호감이 되고, 그 마음에 믿음과 신뢰가 쌓여 점차 사랑이라는 감정이 싹트기 시작했다.

우리가 처음 만난 날은, 남편의 할아버지가 돌아가신 날이었다. 룸메이트와 함께 할아버지 댁에 놀러가기도 했었기에 나는 상심해 계신 할머니를 위로해드리러 갔다. 그날 할머니의 손을 잡고 진심으로 위로해드리는 나를 보고 그는 호감을 느꼈다고 한다. 요즘 젊은 여자들 같지 않게 예의 바르고 마음이 따뜻한 사람이라는 생각이 들었기 때문이란다. 그리고 내숭 떨지 않고 자격지심이 없어 보여 마음에 들었다고 한다. 그가 자기 친구들이 모이는 자리에 함께 가자고 했을 때, 망설이지 않고 선뜻 그러겠다고 대답하는 내 모습이 그렇게 멋지고 당당해 보일 수 없었다는 것이다.

반면 나는 그 사람이 언제부터 좋아졌는지 잘 모르겠다. 함께 과일을 고르며 이야기를 나누다 내게 조용히 웃어주던 순간부터일까. 아니면 내가 살고 있는 아파트에 놀러와 티 내지 않고 조용히 내 주위의 이것저것을 돌봐주고 도와주던 때부터일까. 그에게 언제부터 내 마음이 흔들렸는지는 모르겠지만, 그를 사랑하게 될수록 마음 한편에 두려움이 점점 커져갔던 것만은 분명했다.

그때 그의 나이는 대부분의 남자들이 결혼을 생각하는 나이, 서른이었다.

'과연 그는 나를 결혼 상대로 생각하고 만나는 걸까? 장애가 있는 나와 정말 진지하게 결혼까지 생각하고 있는 걸까?'

물이 흐르는 것처럼 자연스레 그에게 마음이 갈수록 나는 하루에도 열두 번씩 그의 속마음이 궁금했다. 그리고 그 사람을 사랑하는 만큼 내가 해줄 수 있는 것이 없다는 생각, 어쩌면 내 존재가 짐이 될 수도 있다는 자괴감 때문에 괴로웠다. 그동안 좋아했던 남자가 몇몇 있었지만 마음이 깊어지기 전에 늘 먼저 놓아버리곤 했던 나였다. 하지만 이 남자만큼은 놓고 싶지 않았나 보다.

햇볕이 따사로운 오후, 포토맥 강은 은빛으로 반짝이고 있었다. 벤치에 그와 나란히 앉아 포토맥 강을 바라보고 있던 나는 기습적으로 물었다.

"오빠, 나랑 결혼할 거야?"

며칠 동안 고민하고 또 고민한 끝에 태연함을 가장해서 던진 질문이었는데, 돌아온 대답은 김빠질 정도로 즉각적이고 자연스러웠다.

"그럼. 아니면 내가 널 왜 만나겠어?"

아침 먹었느냐는 질문에 먹었다고 대답하기라도 하듯 천연덕스러운 반응이었다. 이 사람은 나와의 결혼이 어려울 수도 있다는 생각을 전혀 해보지 않았을까. 결혼 얘기에 어쩜 이렇게 태연하고도 당연하다는 반응을 보인 수 있을까.

"내가 오빠한테 해줄 수 없는 일이 많을지도 몰라. 그런 생각 안 해봤어?"

"걱정 마. 유선이가 못 하는 게 있으면 내가 하면 되잖아."

"그렇지만 오빠 부모님도 아셔? 나 만나는 거 아시느냐고?"

"걱정 마. 이런 얘긴 좀 그렇지만 우리 집 사람들은 내가 한번 마음먹으면 아무리 말려도 소용없다는 거 잘 알아."

신중한 사람이 이렇게까지 말하는 건 그만큼 자신이 있다는 뜻이었다. 그때 마침 타이밍도 절묘하게 벤치 앞으로 다정한 부부가 유모차를 밀며 지나갔다. 내게도 저런 앞날이 준비되어 있을까. 이 사람과 함께라면 아득하고 멀게만 느껴지던 평범한 행복이 내게도 가능하지 않을까. 나는 조심스레 그와의 미래를 꿈꿔봤다.

그날 포토맥 강가에서 그 사람과 나는 마치 오래 산 부부처럼 서로의 허리를 감싸 안은 채 노을이 질 때까지 오래오래 함께 있었다.

그 일이 있은 후 며칠을 고민한 끝에 한국에 계신 엄마에게 전화를 걸었다.

"엄마, 나 좋다는 남자가 있네."

나이가 여섯 살 차이 나고, 미국 교포이며, 컴퓨터 분야 회사에 다니고 있다고 그를 소개했다. 엄마는 내 말을 듣고 놀란 듯 잠시 머뭇거리시더니 심각한 목소리로 말씀하셨다.

"유선아, 남자 나이가 너무 많구나. 그리고 엄마는 교포라는 것도 마음에 걸려. 게다가 넌 결혼하기에는 너무 어려. 앞으로 공부도 더 해야 하잖아."

나를 좋아해주는 사람이고, 내가 좋다는 사람이니 호감을 갖고 봐주실 거라고 생각했는데, 엄마의 반응은 의외였다. 내가 이런저런 부연 설명을 했지만 듣는 둥 마는 둥 하시더니 더 생각해보자며 전화를 끊으셨다. 도저히 이해가 가질 않았다. 엄마가 왜 이리 냉담하신 걸까.

그 이후에도 엄마는 그에 대한 이야기가 화제에 오르면 못 들은 척 하셨다. 방학 때 그와 함께 귀국해 부모님을 뵙겠다고 말씀드리자 심지어 같은 비행기를 타고 오지 말라고까지 하셨다. 그리고 실제로 인사드리러 함께 귀국했을 때도 공항에서 그와 인사도 제대로 나누지 않고, 나를 데리고 집으로 가려고 서두르기만 하셨다.

한국에 도착하고 나서 며칠 후, 그가 우리 집에 정식으로 인사를 하러 찾아왔다. 공항에서는 냉담한 반응을 보이셨던 부모님이었지만 막상 그가 찾아오자 손님으로서 최대한 예의를 갖춰 대해주셨다. 신상에 대해 이것저것 물어보기도 하시고, 음식도 권하시는 모습에 어느 정도 마음을 놓을 수 있었다. 하지만 자리가 파할 무렵, 엄마는 나직하지만 강한 어조로 말씀하셨다.

"우리 유선이는 결혼 안 시켜요. 평생 우리가 데리고 살 겁니다. 석화 씨가 마음에 안 들어서가 아니라, 유선이는 결혼을 하면 힘들어질 거예요. 그러니 한국에서의 여정, 잘 마치고 돌아가세요."

거부하기 어려우리만치 단호한 엄마의 태도에 그는 더 이상 아무 말도 할 수가 없었다.

부모님의 마음을 확인한 나는 계속 그를 만나야 할지 혼란스러워졌다. 부모님이 무엇을 걱정하시는지 내가 모를 리 없었다. 결혼에 이르기까지 시댁 쪽에서는 또 얼마나 반대를 하실까. 우여곡절 끝에 결혼을 한다 해도 몸이 불편한 내가 결혼생활을 잘할 수 있을까. 행여 남편이나 아이에게 제 역할을 다 하지 못해 갈등을 빚거나 힘들어지는 건 아닐까……. 걱정이 이만저만 크지 않으셨을 것이다. 그런데도 결혼 소리만 내비치면 집에서 옳다구나 하고 기뻐해주실 거라 생각했으니 나는 얼마나 철이 없었던가.

미국에 돌아온 나는 그에게 한동안 생각할 시간을 갖는 게 좋겠다고 통보했다. 그의 전화도 받지 않고, 찾아와도 만나지 않은 채 혼자 고민에 고민을 거듭했다. 정말로 내가 결혼을 해도 좋을지, 이 사람과 평생 산다면 나는 얼마나 행복할지 또는 괴로울지, 나 자신이 생각하기에도 부끄러울 정도로 장석화 한 사람을 놓고 저울질해보았다.

그러면서 깨달은 사실 하나는, 이미 내 마음이 그에게 너무 많이 기울었다는 것이었다. 내가 결혼에 대해 상상한 최악의 일이 다 일어난다 해도 그 사람과 함께라면 능히 헤쳐나갈 수 있으리라는 견고한 믿음, 바로 그것이 내 마음속에서 단단히 자라고 있었다.

결국 부모님의 뜻을 거스르기로 마음먹은 나는 그것을 어떻게 말씀드려야 할지 신중히 고민하다가 내 솔직한 심정을 담은 장문의 편지를 보냈다. 아무리 생각해봐도 전화보다는 편지가 나을 것 같았다.

한국의 부모님께 편지를 쓴 며칠 후, 나는 또 하나의 고비를 넘어야만 했다. 바로 그 사람의 부모님을 찾아뵙고 허락을 받는 일이었다. 날씨가 꽤 쌀쌀한 2월의 어느 날, 나는 그의 부모님께 드릴 큼직하고 아름다운 꽃바구니를 하나 샀다. 그의 집으로 가는 길은 지독하게 추웠다. 아니, 추운 건 날씨가 아니라 내 마음이었는지도 모른다. 나는 두려웠다. 어려운 자리에서는 평소에 잘하던 말도 입 밖으로 한마디 나오지 않는다는 것을 알기에 끔찍하게 두려웠다.

아버님, 어머님께서는 생각 외로 편안하게 나를 맞아주셨다. 내 장애에 대해서는 한마디도 묻지 않으신 채, 친정 부모님은 한국에서 무슨 일을 하시는지, 형제자매는 어떻게 되는지, 미국에는 언제 왔는지 등 평범한 질문들만 하셨다. 문제는 내게 있었다. 예상했던 대로 어려운 자리다 보니 말문이 열리질 않았다. 내가 진땀을 흘리며 말을 더듬고 있으니 별수 없이 그가 내 대변인이 되어야 했다.

그의 부모님이 나를 만나보고 어떤 심정이셨을지 짐작하고도 남는다. 나중에 들은 이야기지만, 그는 그날 부모님께 심한 꾸지람을 들었다고 한다.

"네가 대체 어디가 부족해서 그런 여자랑 결혼을 하려 들어? 이 못난 놈!"

"그 아이, 지금도 부실해 보이던데, 나중에 나이 들면 많이 아픈 거 아니냐? 아이는 낳을 수 있는 거야? 넌 세상에 어디 여자가 없어서 그런 애를……."

부모님께 그는 못된 아들이 되어야 했다.

나와 같은 장애인들은 사랑하는 사람과 결혼을 하는 일도, 부모가 되는 일도 그리 쉽지가 않다. 누군가와 결혼을 하겠다고 마음먹은 그 순간부터 세상의 편견과 싸워야 하기 때문이다. 그리고 내 속의 수많은 두려움과도 싸워야 한다.

각오는 했지만 주변의 우려 속에서 나 역시 흔들리고 갈등하고 고민했다. 우리가 행복한 결혼생활을 할 수 있을 것이라고 100퍼센트 확신한 사람은 내 남편이 될 사람 그 하나뿐이었다. 그는 나와의 결혼을 위해 주변 모든 사람들을 설득해나갔다. 내가 매우 능력 있는 여자이며, 결혼 후에는 반드시 아내, 엄마, 며느리로서의 역할을 완벽하게 해내리라 믿는다고. 그때 그는 어떻게 그런 강한 믿음을 가질 수 있었을까? 지금 생각해보면 신비롭기까지 하다.

그와 부부로 산 지 어언 18년, 언제나 맑은 날만 있었다면 거짓말이리라. 하지만 아무리 궂은 때라도 서로에게 감사하는 마음까지 흔들린 적은 한 번도 없었다.

"여보, 당신에게 고맙고 또 고마워요. 나와 함께 세상의 편견에 맞서 싸워줘서, 힘들었던 그 시간 동안 내 손을 놓지 않아줘서, 잡은 그 손을 나날이 더욱 따뜻하고 강하게 잡아줘서…… 정말 고마워요."

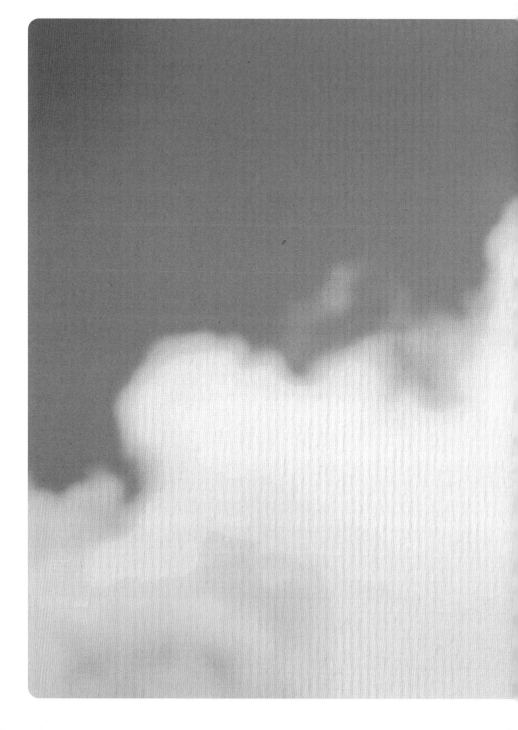

3부

나는 참

괜찮은

사람이고 싶다

"나를 응원해주는 당신들이 있기에
나는 더 좋은 사람이고 싶습니다."

누군가를 위해 더 훌륭한
사람이 되고 싶다

■ ■ ■

첫아이, 기적을 만들다

첫아이 하빈이를 내 품에 안았을 때의 느낌은 15년이 지난 지금까지도 생생하다.

쪼글쪼글 주름이 잡혔지만 보드라운 피부, 한없이 작고 나약해 보이는 생명체. 나는 가까스로 팔을 들어 아기의 손가락을 만져보았다. 아기의 손가락은 너무 작았고, 손톱은 투명한 분홍빛이었다. 그 작은 다섯 개의 손가락이 내 검지를 감싸 줄 때 내 눈에선 나도 모르게 눈물이 떨어졌다.

'손가락 열 개, 발가락 열 개, 어디 하나 이상 없이 건강한 아이로 태어나주었구나. 엄마 몸이 부실한 줄 알고 있었는지 열 달 동안 입덧 고생 한번 안 시키고 착하게 있더니, 나올 때도 참 장하구나.'

1998년 4월 24일, 첫아이 하빈이는 그렇게 선물처럼 내게로 와주었다.

엄마가 된다는 건 내게 기쁨인 동시에 두려움이었다.

남들은 때가 되면 결혼을 하고 아이를 낳는 것이 자연스러운 현상이었을 텐데, 나에게는 그런 모든 일이 녹록치 않았다. 뇌성마비 장애인이 엄마가 되는 데는 많은 어려움이 따른다. 증세에 따라 다르지만, 대부분 지체장애로 인해 몸의 균형을 잡지 못해 열 달 동안 배 속에서 아기를 키우는 것 자체가 힘들 수도 있고, 자연분만 가능성도 낮다고 한다.

임신 계획 전, 장애인의 임신과 출산에 관한 이런저런 자료를 찾아보며 나는 두려웠다. 뇌성마비 장애가 아이에게 유전되는 것은 아니지만, 내 장애로 인해 배 속 아기를 건강하게 키울 수도, 낳을 수도 없게 되면 어쩌나, 너무 걱정이 됐다.

아이를 낳은 후에도 문제였다. 언어장애가 있는 엄마 밑에서 아이가 말을 제때 못 배우는 건 아닐까. 육아는 육체적으로 힘든 일이라는데 부실한 몸으로 아이를 안전하게 돌볼 수나 있을까. 아이가 커서 어린이집이나 학교에 가게 되면 어쩌지. 나 때문에 친구들에게 놀림을 당하지는 않을까. 선생님과 통화하거나 면담을 해야 할 때는 어떻게 하면 좋을까.

엄마가 얼마나 헌신적으로 나를 키워냈는지를 잘 알기에, 엄마가 내게 해주었던 크고 작은 일들을 정작 나는 내 아이에게 해주지 못할 수도 있다는 생각에 자신이 없어졌다. 그런 내게 힘을 준 건 남편이었다.

"결혼할 때 내가 그랬지? 당신이 못하는 일은 내가 하면 된다고. 아이 키우는 일도 마찬가지야. 당신이 못하는 일이 있으면 내가 하면 되는 거야."

그 따뜻한 말 한마디에 나는 용기를 낼 수 있었는지 모른다.

아이는 엄마 혼자 키우는 게 아니다. 함께 역경을 헤쳐나갈 남편이 곁에 있으니 괜찮다.

그리고 내가 육체적으로는 다른 엄마들과 똑같이 해줄 수 없을지는 몰라도 사랑과 정성만큼은 다른 엄마들 못지않게 쏟을 자신이 있었다.

임신을 계획할 당시 내 나이는 만으로 스물일곱이었다. 임신과 출산이 늦으면 늦을수록 아이와 나 모두에게 좋지 않을 수도 있다고 생각해 하루라도 빨리 용기를 내기로 했다. 확고한 마음의 준비와 임신

에 대한 자료 수집, 그리고 철저한 계획 끝에 나는 원하는 달에 임신에 성공했다.

일단 임신 사실을 확인하니 막연한 불안감에 휩싸여 있을 수만은 없었다. 아기를 위해 좋다는 게 있으면 하나라도 더 했다. 태교에 좋다는 음악은 모두 찾아 들었고, 남편과 함께 라마즈 수업도 빼놓지 않고 참여했다. 너무 커서 삼키기 곤혹스러운 임산부용 비타민도 꼬박꼬박 챙겨 먹었으며, 평상시에는 거들떠보지도 않던 우유를 하루에 두 잔씩이나 마셨다.

나는 중학교 이후로 중단했던 언어치료도 다시 받기 시작했다. 적어도 내 아이와 이야기할 때만이라도 말을 좀 더 잘하고 싶어서, 아이의 친구나 선생님 앞에서 말문이 막히는 일이 없기를 간절히 바라면서 말이다.

미국에서 언어치료를 받는 비용은 엄청났다. 언어치료사에게 1회 45분 치료를 받는 데 1997년 당시 자그마치 200불이나 들었다. 내 경우에는 10회까지만 보험이 적용되고, 그 이후부터는 자비로 전체를 부담해야 한다고 했다. 하지만 치료 효과만 나타난다면 200불이 아니라 2,000불이라도 감수할 각오가 되어 있었다. 그런데 다행인지 불행인지 10회의 언어치료는 내게 아무런 도움도 되지 않아 치료를 중단할 수밖에 없었다.

당시에는 남편 혼자 돈을 버는 상황이었고, 곧 태어날 아기에게 들어갈 비용을 저축해놓아야 했기에, 재정 상태를 고려할 때 효과가 나타기를 기다리며 마냥 언어치료를 계속 받을 수는 없었다. 하긴 27년이 넘는 세월 동안 꿈에서까지 나를 괴롭히던 언어장애가 단 열 번의 치료로 호전되길 기대한 것 자체가 무리였는지도 모른다.

그렇게 이것저것 태교에 힘쓰며 보낸 임신 기간은 아무 문제 없이 순탄하게 흘러갔고, 드디어 출산 예정일이 이틀 지난 4월 24일 따뜻한 봄날에 첫아이, 하빈이가 힘찬 울음소리와 함께 세상 밖으로 나왔다.

하빈이를 낳고 매일 그 작은 얼굴을 들여다보고 또 들여다봐도 싫증이 나지 않았다. 아이가 작은 입으로 하품을 하거나 꼬물거리며 젖을 찾을 때, 지치는 줄도 모르고 뒤집기 연습을 할 때, 나를 알아보고 웃어줄 때 나는 세상에서 가장 행복한 엄마였다. 나 없이는 생명조차 유지하지 못할 그 어린것이 어떻게 내게 살아갈 용기와 희망을 주는지, 어째서 그렇게 의지가 되고 든든한 힘이 되는지 정말 신기하기만 했다.

감사하게도 아이들 앞에서는 나의 언어장애도 별 문제가 되지 않는다. 이상하리만치 내 아이들 앞에서만큼은 말이 술술 나오기 때문이다. 한국에 갔을 때 올케가 하빈이와 내가 서로 이야기하는 걸 보고는 "어머 아가씨는 하빈이와 이야기할 때가 가장 막힘이 없는 것 같아요" 하고 감탄하곤 했다.

내가 말을 더듬더라도 하빈이는 어렸을 때부터 영리하게 잘 알아들었다. 말문이 터지지 않아 첫 음절만 입 안에서 맴돌 때도 눈치로 알아채고는 도와줄 때가 많았다. 독심술이라도 하듯 내 마음을 잘 알아주던 아이는 언젠가 "엄마, 엄마가 이렇게(입을 벌리며 말이 안 나온다는 시늉을 하면서) 되면 내가 엄마 말을 추측해서 대신 얘기해줘도 돼요? 그럼 엄마가 말하는 게 더 쉽지 않을까요?"라고 해서 나를 감동시키기도 했다.

이렇게 내 마음을 잘 알아주는 하빈이는 내 장애에 대해서도 어렸을 때부터 의연하게 대처했다.

하빈이를 성당의 한글학교에 처음으로 보냈을 때의 일이다. 수업이 끝날 시간에 맞춰 아이를 데리러 갔다. 수업을 막 마치고 문을 나서던 아이들은 나를 보고 주춤하면서 호기심 어린 눈초리로 바라보기 시작했다. 그럴 때마다 일부러 아무렇지 않은 척하지만, 마음은 한없이 초라하고 작아져 슬퍼졌다. 그런데 바로 그때 하빈이가 나를 향해 달려오기 시작했다.

"엄마!"

세상에서 가장 아늑하고 믿음직스러운 곳이 엄마 품이라고 한 치의 의심도 없이 달려오는 내 아이. 그렇게 내 품으로 달려든 하빈이를 나는 꼭 안아주었다. 힘차게 달려온 아이의 가슴은 콩닥콩닥 뛰고 있었다.

나를 바라보며 해맑게 웃고 있는 이 아이, 내가 세상에서 가장 훌륭하고 아름다운 사람이라고 믿어주는 이 아이의 눈망울만 있다면 나는 못 할 일이 없을 것 같았다.

누군가 오늘날 나를 있게 한 '가장 큰' 원동력이 무엇이냐고 물을 때면 주저하지 않고 나는 첫아이, 하빈이라고 대답한다. 엄마로서 그냥 하는 말이 아니라 내 아들 하빈이에게 보다 자랑스러운 엄마, 부끄럽지 않은 엄마가 되어야겠다는 마음이 지금까지 나를 지탱하게 한 원동력이자 내 삶의 목표였다.

나는 컴퓨터 공학으로 석사 학위를 받은 다음에 관련 업체에 취업할 생각이었다. 그런 분야라면 책상에 앉아 컴퓨터 프로그램만 잘 짜면 될 테니 내 장애가 큰 문제가 되지는 않을 것 같았기 때문이다. 하지만 그러한 생각은 임신 기간 중 바뀌었다. 여느 엄마들과는 다른 특별한 삶을 살아야 한다는, 그래서 아이가 정말로 자랑스러워하는 엄마가 되어야 한다는 사명감이 생긴 것이다. 무엇이 나 자신에게 의미 있는 삶이고, 어떻게 해야 태어날 아이에게 버팀목이 되는 삶을 사는 것이며, 어떤 엄마의 모습이 아이의 인생에 좋은 영향을 줄 것인가에 대해 고민에 고민을 거듭했다.

임신 기간 내내 곰곰이 생각해본 결과, 내 아이에게 당당한 엄마가 되려면 어릴 때부터 꿈꾸던 '장애인을 위한 삶'에 도전해보는 건 어떨까, 하는 결론을 내렸다.

그러려면 장애인에 대한 전반적인 지식이나 특수교육 분야에 대한 전문 지식이 필요할 거라는 생각이 들었다. 열 달의 임신 기간 틈틈이 인터넷으로 검색하고 관련 책자를 찾아보다 마침 학사 학위를 받은 조지 메이슨 대학에 '보조공학'이라는 교육과정이 있다는 사실을 알게 됐다.

컴퓨터를 켜고 끄는 것밖에 모르는 상태에서 컴퓨터 공학을 전공했던 나는 다시 한 번 무모한 도전을 한다는 마음으로 보조공학을 공부해보기로 했다. 그때가 하빈이가 생후 9개월로 접어드는 1999년 1월이었다.

그렇게 시작한 보조공학으로 박사 학위를 받고 교수까지 되어 강단에 서고 있으니, 지금 생각하면 이게 모두 하빈이의 공인 것 같다. 게다가 하빈이의 순조로운 임신 출산 육아에 한껏 고무되어 둘째 예빈이까지 낳을 용기가 생겼고, 또 실제로도 무사히 낳아 건강하게 잘 기르고 있으니 하빈이가 내게 준 선물은 끝이 없다.

영화 〈이보다 더 좋을 순 없다〉에서 잭 니콜슨은 사랑하는 여인에게 이런 말을 한다.

"당신은 내가 좋은 사람이 되고 싶게 만들었소."

하빈이도 내 인생에서 이런 역할을 하는 아이다.

하빈이는 내가 더 당당하고 훌륭하고 좋은 사람이 되고 싶도록 만드는 장본인이다. 하빈이가 나를 더 자랑스러운 엄마로 여길 수 있게, 내가 더 당당한 엄마가 될 수 있게, 오늘도 나는 달리고 또 달린다.

내게 등대가 되고 희망이 되고 용기가 되어주는 내 아이, 사랑한다. 사랑한다. 사랑한다.

할 수 없는 것보다
할 수 있는 것에 주목하자

■ ■ ■

내가 할 수 있는 것의 가치

내 이야기를 책으로 내면서 감히 두 가지 욕심을 내봤다.

하나는 내 이야기를 통해 세상 사람들이 장애가 있는 사람에 대해 잠시나마 생각해보는 계기를 갖게 되었으면 하는 것이다. 특히, 내 이야기가 사람들이 무의식적으로 그어놓은 장애인과 비장애인의 보이지 않는 경계선을 조금이라도 허물 수 있었으면 하는 바람이 있다.

'책 표지만 보고 책 내용을 판단하지 말라(Don't judge a book by its cover)'는 말이 있듯이, 때때로 사람들은 겉으로 드러나는 모습을 통해 그 사람을 판단하곤 한다. 그래서 장애를 가진 사람들은 장애 자체보다 그것을 바라보는 세상의 편견 때문에 더 힘들어 한다. 나 역시 이제껏 살아오면서 그런 편견들에 무수히 부딪혀야만 했다.

"She looks scary(저 아줌마, 무섭게 생겼어)!"

2005년 어느 여름날 하빈이가 만 일곱 살 때, 아이를 데리러 여름 캠프에 갔던 나를 보고 한 꼬마가 외친 말이다. 한두 번 그런 일을 겪은 것도 아니고, 아무것도 모르는 아이가 철없이 한 소리라는 걸 잘 알고 있었지만, 이상하게도 집으로 오는 길에 자꾸만 눈물이 났다. 이제는 이런 일에 익숙해질 법도 한데 매번 서글프니 어쩌면 좋을까.

차라리 어른이 그랬다면 인격적으로 성숙하지 못한 사람이라고 치부하고 말면 그만일 텐데, 한없이 순수하고 정직한 아이 입에서 나온 말이니 더 아프게 다가왔는지 모른다. 아이의 눈에는 내가 정말 '무섭게(scary)' 보인다는 걸 다시 한 번 잔인하게 확인받은 셈이니까.

그나마 다행인 건 미국이라는 곳이 나 같은 사람에게 특별히 호기심을 보이는 나라가 아니라는 사실이다. 나를 뚫어져라 바라보는 사람은 열에 한둘 정도나 될까. 나머지는 아예 관심조차 두지 않는다. 내가 겪어본 바로는 공공장소에서 직접 만나거나 스쳐 지나가는 사람들이 장애인을 대하는 태도도 우리나라보다는 성숙되어 있다.

반면 학창 시절 내가 경험한 우리나라는 그렇지 않았다. 거리에 나서면 열에 여덟아홉은 내게서 눈을 떼지 못했다. 물론 요즘은 우리나라도 장애인에 대한 인식이 무척 개선되었다는 걸 알고 있다. 하지만 여전히 장애인에 대한 그릇된 시선은 남아 있다.

아이들이 어렸을 때 함께 우리나라에 가면 나이 지긋하신 분들이 간혹 누구 아이들이냐고 물어보셨다. 나와 같은 장애인이 이렇게 건강한 아이들을 낳을 수 있으리라고는 절대 생각 못 하시는 것 같았다. 내 아이들이라고 말씀드리면 "어머, 엄마는 저런데 애들은 멀쩡하네" 하고 놀라워하셨다.

언어는 우리들이 세상을 바라보는 방법을 반영한다. 우리가 사용하는 단어들이 다른 사람들의 삶에 긍정적으로나 부정적으로 영향을 미치게 된다는 것이다. 그래서 장애인을 어떻게 표현하느냐가 장애인을 바라보는 시각에 대단한 영향을 미친다. 어떤 단어들(예를 들자면, 병신, 불구자, 장님, 절뚝발이, 벙어리, 귀머거리 등)은 확실히 장애인을 비하하는 인상을 준다.

Helen Kellar Institute for Human disAbilities

조지 메이슨 대학 특수교육과 산하 '헬렌 켈러 인간 장애 연구소'의 공식 명칭이다.

단체의 이름을 표기할 때는 첫 글자를 대문자로 쓰는 게 일반 상식이지만, 우리 연구소에서는 장애에 해당되는 'disAbilities'의 첫 글자 'd'를 소문자로 적고 대신 'Abilities'의 'A'를 대문자로 적고 있다.

장애인을 지칭하는 데 있어서 'dis'라는 부정적인 단어가 아니라, '할 수 있다'라는 'Abilities'에 더 가치를 둔다는 뜻이다. '장애'는 할 수 없음을 뜻하는 것이 아니다.

우리 연구소의 명칭에 담긴 의미처럼 세상 모든 사람들이 장애인들은 무엇을 할 수 없는 사람이 아니라, 조금 다른 방법으로 해낼 수 있는 사람이라는 것을 인식해주었으면 좋겠다.

장애의 유무를 떠나서 모든 사람들은 행복을 추구할 권리가 있다. 그리고 장애의 유무를 떠나서 누구에게나 각자 주어진 달란트가 있다. 그러니 주어진 상황에서 자기가 무엇을 제일 잘할 수 있는지 찾아보아야 한다.

책을 내며 갖는 두 번째 욕심은 보조공학의 중요성을 한국 사회에 보다 널리 알리고 싶다는 것이다. 보조공학이란 말이 대부분의 사람들에게는 생소하게 느껴질 것이다. 이해가 쉽도록 설명해보면, 보조공학이란 장애인이 일상생활 속에서 입고, 먹고, 읽고, 쓰고, 보고, 이동하고, 의사표현을 하고, 여가 생활을 하는 데 있어서 느끼는 불편함을 개선해주는 보조기기나 서비스를 통칭하는 말이다. 그리고 보조기기란 상업적으로 만들어진 기기나 기존에 이미 일상생활에서 사용하고 있는 물건을 개조했든 간에, 각각 장애인의 특성과 필요에 따라, 그들의 기능적 한계를 보완하고 대체해줄 수 있는 기기나 물건을 뜻한다.

보조기기 중에서 나는 현재 보완대체 의사소통기기(AAC)의 혜택을 누리고 있는데, 언어장애가 있는 내가 강단에 설 수 있는 것 역시 이 기기 덕분이다.

보완대체 의사소통기기를 사용하기 전에는 언어장애로 인해 인생에서 내가 할 수 있는 것은 극히 제한되어 있고, 또 그 부분은 내가 아무리 노력해도 바꿀 수 없는 '운명' 같은 것이라고 생각했다. 그래서 미국에서 학사과정과 석사과정으로 컴퓨터 공학을 전공할 때 나는 학교에서 입을 굳게 다물고 생활했다. 하지만 AAC를 사용하게 된 후, 운명도 자신의 굳건한 의지와 외부적 도움(내 경우 AAC)이 있다면 바뀔 수 있다는 것을 깨닫게 됐다.

박사과정 입학 그 다음 해인 2000년 미네소타 주에서 개최된 '클로징 더 갭 컨퍼런스(Closing the Gap Conference)'라는 보조공학학회 전시장에서 처음 여러 종류의 AAC를 접했을 때의 흥분과 기쁨을 나는 아직도 생생히 기억하고 있다.

'이제 더 이상 입을 꾹 다물고 있지 않아도 되는구나!'

시력이 나쁜 사람이 잘 보기 위해 안경을 쓰듯이, 몸이 불편한 장애인 역시 불편함을 덜기 위해 보조기기를 사용하는 것이다. 손을 전혀 움직일 수 없는 사람도 신체 다른 부분의 움직임(예를 들면 발, 턱, 어깨, 심지어는 눈 깜박이는 동작)을 이용해서 컴퓨터를 작동할 수 있다. 나는 손을 이용해서 타이핑을 할 수 있지만, 스티븐 호킹 박사님은 루게릭병으로 인해 대부분의 신체를 거의 사용할 수 없어 손으로 타이핑을 할 수가 없다. 대신에 박사님은 특별하게 디자인된 스위치라는 기기를 사용하여 타이핑을 한다. 스위치를 볼 부분에 장착시켜놓으면 스위치가 박사님의 볼 근육 움직임을 읽어서 AAC에 신호를 보내고, 그의 지식은 그렇게 다른 사람들에게 전달될 수 있는 것이다.

보조공학은 불가능한 일을 가능케 만든다. 장애인이 자신의 한계를 뛰어넘고 희망으로 향하게 도와준다.

보조공학 관련 학회를 다니다 보면, 다양한 장애를 보조공학을 통해 극복하고 자신의 삶을 개척해 충실하게 사는 분들을 많이 보게 된다. 자신의 목소리로는 그저 아기 옹알이하는 소리밖에 못 내지만 AAC를 이용해 변호사로 일하고 있고, 누워서만 생활하고 코에도 산소 호스를 항상 끼고 있어야 하는 사람이 엄지손가락으로 스위치를 툭툭 치는 동작만으로 컴퓨터를 작동해 유명한 게이머로, 또 프리랜

서 작가로 활동하고 있는 등, 보조공학의 혜택을 받고 있는 사람들의 예가 너무도 많다.

한국에서도 최근에 보조기기의 보급이 활성화되고 있는 추세다. 제1회 보완대체 의사소통대회가 처음으로 2012년 10월에 개최됐고, 한국 보완대체 의사소통학회(Korean Society for AAC)도 2013년 3월에 발족됐다. 그리고 최첨단 보조공학의 혜택을 톡톡히 누리는 사람들도 몇몇 있다. 대표적으로는 '한국의 스티븐 호킹 박사'로 불리는 서울대 이상묵 교수님.

이 교수님은 불의의 사고로 어깨 아래부터 마비되었지만, 컴퓨터 사용시 음성인식 소프트웨어를 이용하거나, 입에 가볍게 물고 숨을 들이마시고 내쉬는 동작만으로 작동할 수 있는 컴퓨터 마우스 등, 다양한 보조기기들을 활용하여 서울대에서 계속 강의 중이시다. 그래서 이분은 현재 한국에서 보조공학의 중요성을 널리 알리고 계신다.

뿐만 아니라 지난 2012년 우리나라에서 열린 '제22회 세계재활협회대회'에서 나와 함께 기조연설자로 초대됐던 연세대학교 소프트웨어응용연구소 신형진 연구원은 '척수성 근위축증'이라는 희귀병으로 인해 몸을 전혀 움직일 수 없는 중증 장애인이지만, 안구 마우스와 화상 키보드를 통해 현재 직장 생활과 박사과정을 병행하고 있다.

보조기기는 내가 사용하고 있는 보완대체 의사소통기기나 이상묵 교수님의 입으로 조작하는 마우스나 신형진 연구원의 안구 마우스처럼 최첨단 기술이 필요한 것도 있지만, 지체장애인이 신발을 편하게 신을 수 있도록 도와주는 작은 구두 주걱처럼 소소하지만 편리한 것도 있다.

박사과정 초기에 헬렌 켈러 인간 장애 연구소의 동료 하나가 기가 막힌 보조기기를 구했다며 내게 자랑을 한 적이 있다. 동료가 자랑스러운 표정으로 내민 것은 기다란 막대기였다. 언뜻 보기에는 한국에서 흔히 쓰는 구두 주걱 같았다. 그런데 아무려면 흔하디 흔한 구두 주걱을 가지고 저렇게 자랑스러워할까 싶었다. 내가 의아한 표정을 짓자 동료는 그럴 줄 알았다는 듯 싱긋 웃으며 말했다.

"이거, 지체장애가 있어서 혼자 신발 신기 어려운 사람들을 위한 거야. 이렇게 발뒤꿈치에 끼우면 신발 신기가 정말 쉬워."

맙소사. 그러니까 그 물건은 정말 구두 주걱이었다.

이렇게 보조공학은 장애인의 평범한 일상생활, 즉 단추를 꿰고 신발을 신는 일상의 자잘한 일부터, 장애인이라서 감수해야 했던 크고 작은 고통과 불편에서 벗어날 수 있도록 해주어 삶의 질을 높여주고 희망을 주는 중요한 것이다. 그리고 세상과 소통을 하게 하고, 더 많은 가능성을 꿈꾸게 한다. 더 나아가 장애인들뿐 아니라 노인과 아이들처럼 사회적 약자들에게도 큰 도움이 될 수 있다.

하지만 아직도 많은 사람들이 보조기기의 존재 자체를 잘 모르고 있는 게 현실이다. IT 강국으로서 세계적인 기술력을 자랑하는 우리나라에서 보조기기의 보급이 늦어지고 있는 이유는 그런 뛰어난 기술력이 사회에서 소외된 계층이 아닌, 이미 테크놀로지를 충분히 활용하고 있는 사람들에게서 집중적으로 소비되기 때문일 것이다.

부디 내 글이 한국에 보조공학의 중요성을 알리고 우리나라 현실에 맞는 보조기기를 개발하는 데 조금이라도 보탬이 되었으면 한다.

그래서 보조기기가 절실하게 필요한 많은 사람들이 그 혜택을 누릴 수 있게 되었으면 좋겠다.

성취감이란 고통과 시련 속에서
피어나는 꽃이다

■ ■ ■

나에게 도전은 여전히 현재 진행형

첫아이 하빈이를 낳아 키우며 나도 좋은 엄마가 될 수 있다는 걸 깨닫고 얼마나 기뻤는지 모른다. 그리고 한 아이의 엄마가 될 수 있으면, 두 아이의 엄마도 될 수 있다는 자신감도 생겼다. 그래서 나는 박사 학위 과정이 서서히 적응되어갈 무렵 하빈이를 갖기 전 품었던 염려와 고민은 모두 잊어버리고, 내 인생의 또 하나의 보석, 하빈이의 동생 예빈이를 낳을 수 있었다.

무슨 일이든 시작하기 전 계획을 세우고 목표를 향해 나아가려 노력하는 나는, 하빈이 동생 만들기도 마치 정해진 기간 안에 완수해야 할 프로젝트인 양 철저한 준비와 계획을 세웠다. 터울을 생각해보았을 때 하빈이가 어느 정도 자기 일을 스스로 할 만큼의 나이가 되면 좋을 것 같아 네 살 차이가 적당하다고 생각했다. 그렇다면 하빈이가 1998년생이니 2002년에 동생을 낳아야 한다는 뜻이고, 임신하는 시기는 2001년이어야 했다.

또, 학기 중간에 아기를 낳게 되면, 강의 수강에 지장이 있으니, 낳는 달까지 세심하게 계획을 세워야 했다. 물론 모든 세상일이 계획한 대로 척척 될 리 없다는 걸 알고, 특히 아이를 갖는 일은 정말 마음먹은 대로 되는 게 아니란 걸 알지만, 박사과정 1년 차 학생이었던 나는 그래도 한번 도전해보자는 심정으로 2001년 4월 '둘째 갖기 프로젝트'를 시작했다.

아이의 출산 시기는 5월 초에서 중순이 더할 나위 없이 좋을 것 같았다. 봄 학기 마침과 동시에 아기를 낳고, 여름방학 석 달 동안 산후조리를 하고, 바로 가을 학기부터 수업을 수강하면 되기 때문이다. 이 무모한 계획이 성사가 되려면 2002년 5월부터 거꾸로 열 달을 거슬러 올라가서 2001년 8월에 임신해야 한다는 결론이 나왔다. 또한 박사과정 남은 과목들과 논문 쓰는 기간들을 조정해보니 박사 학위 받는 시기는 2004년 5월로 정해졌다.

나는 박사과정에서 필요한 중요한 문서들을 모두 모아 Ph.D. Program Info.라는 제목으로 바인더를 만들고 넣어두었다. 그 안에는 박사 학위 입학 허가서부터 수강 계획표, 논문 제안서 쓰기 전 논문 심사 위원 교수들과의 1차 2차 3차 면담 결과 문서, 그리고 2001년 여름방학 때 한국 연세재활학교에서 인턴십을 했던 문서, 박사과정 입학부터 졸업까지 받았던 장학금(High Potential Graduate Research Assistant) 제공 편지, 박사 프로포절이 통과된 후 교수들이 사인한 문서, 박사 논문 통과 사인 문서 등등이 담겨 있다.

이 중요한 문서들 가운데 '하빈이 동생 탄생시키기 프로젝트'라 적어놓은 계획표도 자리 잡고 있다. 나는 요즘도 가끔 Ph. D. Program Info. 바인더를 열어보고 이런저런 문서들을 읽어보며 박사 공부했던 때를 회상하곤 하는데, '2001년 8월에 임신할 경우', '2001년 12월에 임신할 경우'라고 쓴 두 개의 임신 계획서를 꺼내들 때마다 피식 웃음부터 난다.

나는 그때 가장 완벽한 일정이라고 여겼던 '2001년 8월 임신 계획표'와 이 계획이 실패로 돌아갔을 때 차선책으로 준비한 '2001년 12월 임신 계획표' 두 가지를 만들어놓았다. 거기에 둘째가 태어날 달, 그때 첫째 하빈이 나이, 산후조리 기간, 그리고 수강과 졸업 일정까지 앞으로의 3년 계획을 빼곡하게 적어놓고는, 이왕이면 첫 번째 계획이 이루어지게 해달라고 간절히 기도를 드렸다.

하느님께서 나를 사랑해주신다고 항상 믿고 있는데, 이번에도 행운의 여신을 내게 보내주셨다. 그렇게 원하고 바라던 대로 둘째 아기를

2001년 8월에 임신하게 된 것이다. 그리고 계획표 그대로 2002년 5월 하빈이의 동생이며 나의 딸인 예빈이가 세상 밖으로 나왔다.

예빈이를 낳은 후 나는 그 다음 목표인 박사 학위 취득을 향해 부지런히 걸음을 옮겨갔다. 논문 주제는 보완대체 의사소통기기(AAC)에 관한 것으로 잡았다. AAC를 사용하고 있는 다수의 언어장애인들을 인터뷰해서 기기 사용에 관한 이야기를 들어보고, 주변 사람들의 반응이나 태도까지 면밀하게 살펴볼 예정이었다.

나 스스로 AAC를 사용하며 인생이 바뀌었다고 생각하고 있던 터라, 다른 사용자들의 생각이 궁금하기도 했고, 당시만 해도 이들의 목소리를 직접 들어볼 수 있는 논문이 거의 없었기 때문에 논문 소재로는 제격이었다.

하지만 AAC 사용자를 찾기가 생각보다 쉽지가 않았다. 다행히 마침 2년마다 한 번씩 피츠버그에서 보완대체 의사소통기기학회가 열리고, 더욱이 운 좋게도 남편의 여름휴가 기간과 겹쳐서 온 가족이 여행을 겸해 피츠버그로 향할 수 있었다.

굳이 가족과 함께 피츠버그로 향한 것은 하빈이와 예빈이에게 엄마의 프로페셔널한 인생을 보여주고 싶다는 마음에서였다. 그리고 더 큰 이유는 세상에는 다양한 사람들, 즉 손이 없는 사람, 손이 있어도 자유로이 사용하지 못하는 사람, 두 발로 걸을 수 없는 사람도 있다는 걸 가까이서 접할 기회를 일찌감치 마련해주기 위해서였다.

나는 우리 아이들에게 세상은 더불어 살아가는 곳이라는 것과 타인을 이해하고 배려하며 살아가야 한다는 것을 가르치고 싶다.

내가 그렇게 키워낼 수 있는 사람은 우리 아이 둘에 불과하지만, 그런 마음이 민들레 홀씨처럼 퍼져나가 많은 사람들이 함께 세상을 바꿀 수 있다고 믿기 때문이다.

학회는 여러 모로 만족스러웠다. 나는 그곳에서 여러 명의 AAC 사용자들을 만나 내 논문에 대해 이야기를 나누었고, 연구에 필요한 인터뷰 대상자 5명 중 3명을 만나는 수확을 거뒀다. 가족과 함께 피츠버그에서의 즐거운 추억을 만들었음은 물론이다.

이렇게 연구에 필요한 인터뷰 대상자를 정한 후 본격적으로 논문 쓰기 작업에 돌입했다. 멀리 사는 분들과는 전화나 인스턴트 메신저를 통해 인터뷰를 했고, 가까이 사는 분들은 직접 일하는 곳에 찾아가서 만나기도 했다.

그런데 연구 대상자들을 약 넉 달에 걸쳐 인터뷰하고 직장이나 학회에서 그들을 관찰한 내용을 토대로 분석 작업에 들어가려는 찰나 건강에 이상이 생겼다. 기침이 심해 도저히 대화를 나눌 수 없는 상태가 열흘 가까이 계속됐다. 처음 병원에 갔더니 감기인 것 같다며 열흘

치 감기약을 처방해주어 꼬박꼬박 챙겨 먹었지만 차도가 없었다. 오히려 기침이 더 심해져 그 영향으로 옆구리 통증까지 생겨 앉지도 서지도 못하고 누워 있을 수밖에 없는 지경까지 이르렀다.

다시 병원을 찾았더니, 그제야 천식이 의심된다는 진단이 나왔다. 박사 논문을 위해 1분 1초를 쪼개 써가며 달려왔는데, 목표 앞에서 천식이라는 장애물을 만나니 눈앞이 노래졌다. 이제 와서 돌아보면 조금 쉬었다 가도 되지 않았을까 하는 생각도 들지만, 당시 나는 보조공학 박사 학위 취득이 인생의 큰 전환점이 될 것이라 여겼기 때문에, 조금도 지체할 수 없었다.

의사가 처방해준 약을 먹고 기침과 싸워가며 논문 준비에 박차를 가했다. 주말이건 밤이건 새벽이건 가리지 않고 컴퓨터 앞에만 매달려 있었다. 당시 내가 논문을 쓰던 방에는 수백 장의 논문 자료들이 책상이며 카펫 등에 빽빽하게 들어차 빈 공간을 찾아보기 힘들 정도였다. 그 속에서 나는 꿈속에서도 논문 아이디어를 고심할 정도로 몰두했다.

그러던 어느 날이었다. 오전 8시경, 밤을 꼬박 지새우고 책상 앞에 앉아 있노라니 하빈이와 남편이 일어나 욕실을 사용하는 소리가 들려왔다. 문을 열고 나가보니 남편이 하빈이의 양치질을 도와주고 있었다.

"일어났어? 하빈이 깨워줘서 고마워. 하빈이도 잘 잤니?"

나는 활기차게 인사를 건넸지만, 나를 바라보는 남편 표정이 심상치가 않았다.

"얼굴이 안 좋아 보여. 간밤에 한잠도 못 잤어?"

남편의 걱정스러운 말투가 눈물을 흘리라는 큐 사인이라도 된 듯 그 순간 갑자기 눈물이 쏟아지기 시작했다. 소명 의식, 목표 의식으로 버텨왔지만 몸과 마음이 힘든 건 사실이었다. 남편은 당황해서 어쩔 줄을 몰라했다. 하빈이 역시 입에 칫솔을 문 채 걱정스러운 표정으로 나를 바라보고 있었다.

"나 너무 힘들어……."

그렇게 나는 아이처럼 목 놓아 울었다.

그때 어린 하빈이가 다가와 나를 꼭 끌어안아 주었다. 우습게도 나는 여섯 살 난 아들 품에서 실컷 울고 나서야 다시 힘을 얻었다. 그렇게 하루하루를 노력한 끝에 드디어 내 논문은 세상의 빛을 볼 수가 있었다.

2004년 3월 26일, 박사 논문 발표 날. AAC를 사용한 논문 발표는 별 어려움 없이 진행되었다. 교수님들의 날카로운 질문도 그동안 열심히 준비한 덕택에 조리 있게 대답할 수 있었다.

1시간 남짓 걸린 논문 발표가 끝나고 나는 잠시 문 밖에서 대기하고 있었다. 방 안에서는 마이크 지도교수님을 비롯해 이바 돕 교수님,

브렌다 배넌 교수님이 내 논문 발표에 대해 의견을 나누고 계셨다. 얼마나 시간이 흘렀을까? 문이 열리더니 마이크 교수님이 나타나셨다. 교수님이 나를 향해 활짝 웃어주시며 축하를 건넸다.

"Congratulation, Dr. Chung(축하해요, 정 박사)!"

박사 논문이 무사히 통과된 것이다. 그리고 나는 박사과정 전 과목 A로 박사 학위를 받았다.

그해 5월, 나는 초록색 박사 가운과 박사모 차림으로 졸업식장에 입장했다.

"Yoo Sun Chung!"

사회자가 내 이름을 부르자 나는 단상에 올랐다.

"Congratulation!" 하며 악수를 청하는 알랜 머튼 총장님의 손을 굳게 잡고 박사 학위증을 건네받았다. 학위증을 쥔 오른손에 후끈 열이 오르는 것만 같았다.

단상 끝자락에서 마이크 교수님이 양팔을 벌리고 나를 기다려주셨다. 나는 넉넉한 풍채의 교수님 품 안으로 폭 들어갔다. 순간 지난 몇 년간 잠 못 이루고 고생했던 일들이 주마등처럼 눈앞을 스치면서 하마터면 또 눈물이 날 뻔했다. 나는 마음 깊이 우러나는 감사와 존경을 담아 마이크 교수님께 고개 숙여 인사를 했다. 그런 나를 교수님은 따뜻하게 안아주셨다.

어떤 분들은 종종 나에게 '너는 인생에서 이룰 것을 다 이루었다'라고 이야기해주지만, 나는 '하나 넘으면 또 하나의 넘어야 할 고지가 있다'라는 이치를 너무나 뼈저리게 깨달으며 살아가고 있다. 유학, 결혼, 출산, 박사 학위, 교수 임용이라는 고지를 끝내고 나는 지금도 '훌륭한 교수'라는 고지를 향해 계속 나아가고 있기 때문이다. 지도교수님의 권유와 배려로 졸업하자마자 교수로 일하게 되었지만, 학교에 남아 교수로서 생존하려면 또 다른 노력이 필요하다.

학생으로서 공부를 할 때는 이미 교수님들이 재료를 준비해놓고 있었기 때문에 나는 그걸 졸이고 볶고 튀기는 공을 들여서 맛있는 음식으로 만들어내기만 하면 되었다. 그러나 교수가 된 이후에는 나를 위해 재료를 준비해놓는 사람이 없다. 강의를 주관하는 입장에서 어떤 재료가 어울릴 것인가 직접 생각해서 준비해야 한다. 연구할 아이디어를 창조해내야 하고, 그 아이디어를 토대로 제안서를 써서 연구비를 받아내야 한다. 또 교수의 입장에서 학생들에게 유용한 과제를 내주어야 하고, 학생들을 좋은 방향으로 잘 이끌어가야 한다.

교수 제의를 받고 처음에는 겁이 덜컥 났다. 그런 창의적인 능력이 아직까지는 터무니없이 부족하다는 걸 누구보다 나 자신이 잘 알고 있었기 때문이다. 하지만 내가 여태껏 올랐고, 또 현재까지 오르고 있고, 앞으로 오르려는 산은 올라가기 싫은데 억지로 떠밀려서 올라가는 산이 아니기 때문에, 나는 기꺼이 교수라는 도전을 받아들였다.

그리고 즐겁게, 더 좋은 인생을 위해 등산하고 있다.

성취감이란 쉽게 얻을 수 있는 것이 아니라 많은 고통과 시련 속에서 피어나는 꽃이라는 걸 나는 잘 안다. 그래서 맞닥뜨려지는 여러 어려움조차 나에게는 소중한 과제일 뿐이다.

나는 '철저한 준비만이 살 길'이라는 것을 누구보다 뼈저리게 경험했고, 이러한 '철저한 준비'는 매주 강의를 해야 하는 나에게 여전히 현재 진행형이다.

당연하고 케케묵은 진리,
'간절히 원하면 이루어진다'

■ ■ ■

나는 정유선 교수입니다

2004년 가을 학기가 시작된 첫날, 나는 설레는 마음으로 강의실에 들어섰다. 특수교육학과 대학원 과정에 속하는 '장애인들을 위한 컴퓨터 활용(Computer Application for Special Population)' 과목 수업이 있는 강의실이었다. 강의실 문을 열고 들어간 나는 책상이 아닌 교단에 섰다. 내 생애 첫 번째 강의를 하기 위한 자리였다. 지금도 그날을 생각하면 가슴이 두근거리고 흥분된다.

학생들이 일제히 나를 바라보고 있었다. 겉모습만 봐도 내가 장애가 있다는 것을 단번에 알아챈 그들은 뇌성마비 장애인이 과연 어떻게 강의를 할까 호기심 반, 기대 반인 눈초리들이었다.

나는 AAC를 이용해 미리 준비해둔 인사말을 건넸다.

"나는 올해 보조공학으로 박사 학위를 받고, 이 수업을 처음으로 가르치게 된 정유선입니다. 여러분들이 지금 보다시피 나는 이 AAC를 통해 강의를 하게 될 것입니다."

AAC는 내장된 음성의 톤이 한결같기 때문에 첫 강의를 하게 된 나의 설레고 기쁜 마음을 생생히 전하지 못한다는 점이 너무나 아쉬웠다. 그저 얼굴 가득 미소를 띤 채 내 마음이 학생들에게 전달되기를 바랄 뿐이었다.

"나는 뇌성마비 장애를 갖고 있고, 언어장애와 지체장애가 있습니다. 처음 강의 제의가 들어왔을 때 많은 생각을 했지요. 내가 어떻게 수업을 맡을 수가 있을까? 긴장을 하면 한마디도 할 수 없는 내가 어떻게 감히?"

엔터키를 누르며 준비한 문장 하나하나를 전달하는 동안, 강의 제안을 받았던 그해 봄, 그 설레고 흥분된 기억이 바로 어제 일인 듯 선명하게 떠올랐다.

박사 논문이 통과되고 며칠 후, 마이크 교수님은 내게 엄청난 제안을 하셨다. 졸업 후 학교에 남아서 계속 일하면서 연구하고 강의도 해보라는 것이었다. 나는 내 귀를 의심했다.

"저보고 강의를 하라고요? 제가 어떻게 해요?"

마이크 교수님은 누구보다도 나의 언어장애 상태를 잘 알고 계시는 분이었다. 교수님과의 일상 대화에서도 늘 어려움이 있어 대화의 3분의 2 정도는 거의 종이에 써가며 나누어야 했다. 그런 상황을 잘 알고 계시는 교수님이 강의를 제안했다는 것은 그야말로 충격적인 일이 아닐 수 없었다.

"유선, 당신은 할 수 있어. 당신은 뭐든지 다 잘해내잖아. 학교에 남고 싶지 않아?"

"교수님 밑에서 학교에 남아 일을 할 수 있게 된다면 영광이지만, 그래도 제가 어떻게 강의를 할 수 있겠어요? 강의란 단순히 지식만 전달하는 것이 아니라 학생들과의 상호 작용도 매우 중요한데……."

그러자 교수님이 결연한 목소리로 말씀하셨다.

"유선, 내 생각에 당신은 교수로서 갖출 것을 다 갖추었어. 우선 전문 지식이 있고, 그 지식을 잘 전달할 수 있는 AAC가 있지. 그리고 무엇보다 항상 사람을 기분 좋게 만들어주는 좋은 성격을 가졌어. 학생들도 분명히 당신을 좋아할 거야. 당신은 충분히 할 수 있어."

마이크 교수님의 마지막 말은 항상 상대에게 힘을 주는 "You can do it!"으로 끝이 난다.

생각해보겠다며 교수실을 나선 뒤 나는 한동안 멍한 상태에 빠져 있었다. 방금 전까지 교수님과 나눴던 대화가 꿈은 아닐까 해서 팔을 꼬집어보기까지 했다. 물론 박사 학위를 받은 후 학교 연구소에서 계속 연구 활동을 할 계획은 가지고 있었지만, 강의를 한다는 건 꿈에도 생각지 못한 일이었다.

교수님 제안에 설렘과 걱정, 자신감과 불안감…… 만감이 교차했다. 하지만 나는 긍정적인 면을 먼저 생각해보기로 했다. 먼저, 세상을 바라보는 나의 시선을 달라지게 만든 이곳 조지 메이슨 대학에서라면 당당하게 교수직을 수행할 수 있지 않을까, 하는 생각이 들었다. 또한 보조공학의 수혜를 받고 있는 내가 직접 학생들에게 보조공학을 강의한다는 건 이 분야의 발전을 위해서도 꼭 필요한 일이었다. 그리고 가장 중요한 것은 '교수가 돼라'는 아버지의 말씀에 어린 시절부터 마음속에 꼭꼭 간직하고 있던 꿈이 드디어 이루어진다는 점이었다. 두렵지만 나는 용기를 내야 했다. 자신 없고 두렵다는 이유로 이번 기회를 놓친다면 평생 후회하며 살지도 모를 일이었다.

교수가 되기 위한 인터뷰에서 한 교수가 내게 이런 말을 했었다.

"유선, 당신은 박사 학위도 있고 남편도 있고, 아들딸도 있으니 사람들이 부러워할 만한 모든 것들을 다 갖고 있군요. 앞으로 무엇을 더 하고 싶습니까?"

부족한 내게 남들이 부러워할 만한 모든 걸 갖고 있다고 평가해주니 감사할 따름이다. 하지만 돌이켜보면 내가 손쉽게 얻은 것은 아무것도 없다. 모두가 하루하루 도전하고 또 도전해 얻어낸 결과물들이다. 아니, 어쩌면 내 삶 자체가 도전의 연속일는지 모른다. 장애로 인한 불편함에서 잠자는 시간을 빼놓고는 단 한 순간도 자유롭지 못한 나에게는(아니, 꿈속에서조차 마음먹은 대로 말이 나와주질 않아 안타깝다) 매 순간이 도전이나 마찬가지였으니 말이다. 그렇게 쉴 없는 도전으로 달려온 나날들이 있었기에 지금의 하빈이와 예빈이도 있고 박사 학위도 딸 수 있었던 것 아닐까.

첫 강의를 시작하며 나는 학생들에게 강의를 제안받았을 때의 솔직한 심정을 털어놓았다.

"며칠을 곰곰이 생각해본 결과 나는 이 기회를 놓치지 말아야겠다고 생각했습니다. 우선 자신감을 가져야 했지요. 스티븐 호킹 박사님도 현재 AAC를 이용해 세계 각국에서 연설을 하시잖아요? 그분에 비하면 내 신체 조건은 훨씬 낫지요. 물론 호킹 박사님보다 똑똑하진 않지만요."

AAC의 단조로운 목소리로 전달되었지만, 학생들은 내 유머에 유쾌하게 웃어주었다. 나는 한결 자신 있게 다음 문장을 위해 엔터키를 눌렀다.

"그가 할 수 있었듯이 나도 할 수 있습니다. 내가 지금 하고 있는 것처럼 보조기기를 잘 활용하면 불가능해 보이던 일들이 가능하게 됩니다. 여러분은 한 학기 동안 여러 보조기기에 대해 배우게 될 것이고, 각 보조기기들이 다양한 장애를 가진 사람들에게 어떻게 적용될 수 있을 것인가에 관해 많이 생각하게 될 것입니다."

열의에 찬 학생들의 눈동자를 마주하니 가슴이 벅차올랐다. 그리고 비로소 내가 강단에 섰다는 사실이 실감났다. 발표 한번 해보는 게 소원이었던 뇌성마비 장애인 정유선이 미국까지 건너와 학생들 앞에서 강의를 하게 되다니, 말도 안 될 것 같은 그 일이 현실이 되어 지금 내 눈앞에서 펼쳐지고 있었다.

내가 주변 사람들에게 심심찮게 듣는 말이 하나 있다.

"유선아, 나를 위해 기도 좀 꼭 해줘라. 네가 기도하면 뭐든 다 이루어지잖아."

정말 그랬다. 내가 하고자 하는 일은 결국에는 꼭 이루어졌다. 그래서 농담 반 진담 반으로 사람들에게 '나는 운이 좋은 사람, 하나님이 편애하는 사람'이라고 말하곤 했다.

내가 간절하게 원하는 모든 일이 거짓말처럼 기적처럼, 이루어지는 이유는 무엇일까. 내가 정말 운이 좋아서일까. 아니면 하느님이 나만 편애하시기 때문일까. 나는 간절히 원하는 나의 마음 덕분이라고 생각한다.

하빈, 예빈이에게 나는 늘 말한다.

"네가 하고 싶은 일이 있으면 포기하지 말고 끝까지 밀고 나가렴. 그게 절대로 이뤄질 수 없는 비현실적인 일이라도 말이야. 간절히 원하면 결국에는 꼭 이뤄지기 마련이거든."

어떤 욕구에 집중하면 계획을 세우고 실행하는 힘은 저절로 따라오게 되어 있다. 간절히 원하면 이루어진다는 것이 단순히 행운을 기도하는 차원이 아니라는 말이다. 그건 일종의 마인드 컨트롤이다. 자신의 욕구를 솔직하게 들여다보고 그것에 집중하며 꼭 이룰 수 있다고 자신을 독려하는 과정이다.

우리가 기적이라고 부르는 건 사실 기적이 아니다. 기적이란 무언가를 간절하게 원하는 사람에게만 인생이 주는 선물이다. 감사하게도 나는 그동안 그 선물을 참으로 많이 받았다.

앞으로 살아가야 할 수많은 나날들 속에서 나는 얼마나 더 많은 기적을 이루어낼 수 있을까. 간절히 원하면 이루어진다는 평범한 진리만 잊지 않는다면 앞으로의 인생에서도 기적이라는 보물을 계속해서 찾을 수 있을 거라고 기대해본다.

삶의 모든 순간순간을
가치 있게

. . .

내 삶의 원동력, 강의

"이 강의가 더 길었으면 좋겠어요."

2013년 봄 학기의 어느 날, 토요일 아침 9시 30분부터 5시까지 하루 종일 하는 강의를 마친 후, 한 학생이 강의실을 나가면서 나에게 던진 말이다. 맙소사! 하루 종일, 그것도 주중 열심히 일하고 휴식을 취해야 할 토요일에 하는 수업이라 나도 녹초가 됐지만, 학생들 역시 많이 지쳤을 텐데 더 길었으면 좋겠다니. 나는 속으로 '아이구야, No thank you. 나는 더 이상 서 있을 힘도 없답니다'라고 생각하며 학생에게 물었다.

"하루 종일 강의실에 앉아 있었는데 힘들지 않아요?"

"네, 너무 배울 게 많아서, 시간이 언제 이렇게 흘러갔는지도 모르겠어요."

학생의 대답을 들으니 절로 미소가 떠올랐다.

이번 학기부터 토요일 강의를 맡기로 하고 걱정이 많았다. 매 학기 진행해오는 정규 수업과 방식이 다르기 때문에 일단 준비할 게 많았고, 가장 걱정스러웠던 점은 점심시간 1시간을 제외한 약 6시간 30분 동안 과연 내가 학생들의 몰입도를 떨어뜨리지 않고 수업을 잘 진행해나갈 수 있을까 하는 것이었다.

'학생들이 지루해 하지 않도록 어떻게 수업을 해야 할까?'

33명의 학생들이 자신들의 토요일 하루를 온전히 이 수업에 바치고, 하루 종일 나만 바라보고 있는 상황이라 잔뜩 긴장할 수밖에 없었다. 그런 터라 "이 강의가 더 길었으면 좋겠어요"라는 학생의 말 한마디가 그렇게 든든할 수가 없었다.

'유선아, 오늘도 해냈어. 수고했다!'

나는 현재 한 학기에 세 과목 내지 네 과목의 강의를 맡고 있다. 가르치는 내용이나 학생들의 구성에 따라 매 학기 수업 시간이나 방식이 달라지는데, 매주 강의실에서 이루어지는 수업(face to face), 한 번도 만나지 않고 오직 블랙보드(blackboard)라는 온라인 강의 툴을 이

용한 완전한 온라인 수업, 그리고 이 두 가지를 병행하는 하이브리드 수업 등이 있다. 내가 주로 가르치는 과목은 '장애인들을 위한 컴퓨터 활용'이다. 이번 학기는 매주 강의하는 정규 수업 외에 하이브리드 수업을 두 개나 진행하는데, 이 수업은 한 학기 내내 매주 만나는 대신 토요일에 몇 번 몰아서 하루 종일 하는 수업과 온라인 수업을 병행하는 방식이다.

내 경우는 비장애인 교수보다 강의 준비에 훨씬 더 많은 시간을 들여야 한다. 일단 수업에 필요한 유인물과 파워포인트 슬라이드를 만들고, 거기에 맞춰 어떤 설명을 해야 할까 생각한 다음 그것을 일일이 타이핑해서 문서로 저장해놓는다. 쉽게 말해서 강의 시간에 내가 어떤 말을 할 것인가를 시나리오 짜듯 미리 만들어놓는 것이다. 그러고 나서 AAC를 이용해 한 문장씩 엔터를 쳐가며 음성을 들어보고, 그것이 유인물이나 파워포인트 슬라이드 단계와 잘 맞아떨어지는지, 수업이 자연스럽게 진행이 될지 혼자 여러 번 리허설을 거듭한다.

이 작업은 꽤 시간이 많이 걸리고 인내심이 필요한 과정이다. 특히 이번 학기처럼 6시간 30분짜리 강의 스크립트를 미리 다 만들어놓고 할 말을 일일이 타이핑해서 문서로 저장해놓는다는 건 결코 쉬운 일이 아니다.

예를 들어 보조공학에서 매우 중요한 개념인 스위치에 대한 수업을 할 경우, 일단 수업 전에 파워포인트를 이용하여 스위치의 전반적인 개념과 원리 등을 설명하는 슬라이드를 만든다. 여러 가지 스위치들 가운데 학생들에게 보여줄 만한 것을 찾아 미리 작동법을 익혀둔다. 그런 다음 실제로 수업 중에 내가 할 말을 문서로 작성하기 시작한다.

앞서 말했듯이, AAC를 통해 나오는 음성은 단조롭기 때문에 듣는 사람 입장에서는 자칫 지루하게 느껴질 수 있다. 특히 일부러 문장 중간 중간에 쉼표를 넣어주지 않으면, 긴 문장을 쉬지 않고 다다다다 읽어주기 때문에, 학생들이 이해하기 어려울 수도 있다. 그래서 나는 문장을 미리 하나하나 직접 들어가며, 사람이 말하듯이 중간 중간 적당한 곳에 쉼표를 넣어준다.

그렇게 시간과 노력을 들이지만 역시나 AAC에서 흘러나오는 기계음이 지루하고 이질감이 느껴지는 건 어쩔 수 없다. 그래서 학생들의 주의를 집중시키기 위해 개인적인 경험담, 다른 사람들에게 들었던 에피소드, 매스컴에서 찾아낸 재미있는 자료 등 흥미를 끄는 내용들도 잊지 않고 넣는다. 같은 과목일지라도 수업을 받는 각 그룹 학생들에 맞게 에피소드나 예를 따로 준비해놓는 것도 중요하다.

수업 준비에 있어 가장 어려우면서도 중요한 것은 학생들의 다양한 반응을 미리 예측하고 거기에 적합하게 대응할 수 있도록 준비하는 것이다.

예를 들어 파워포인트 슬라이드에 '스위치란 무엇인가'를 띄워놓고 AAC를 통해 학생들에게 "스위치의 개념에 대해 아는 학생, 손들어보세요"라고 말했다고 하자. 그럴 때 과연 학생들은 어떤 반응을 보일 것인가. 우선 스위치에 대해 아주 잘 알고 있는 학생이 있어 훌륭하게 대답을 할 가능성이 있다. 그럴 경우에는 "굿잡" 또는 "엑설런트" 하고 간단히 기분 좋은 멘트를 날려주면 되는데, 이건 따로 문서로 저장하는 대신 내가 직접 말로 하는 연습을 해본다.

스위치에 대해 알긴 아는데 설명을 잘할 만큼 깊이 이해하지 못하고 있는 경우도 있을 수 있다. 그럴 때를 대비한 답변도 미리 준비해 문서로 작성해둔다.

"예를 들어 배를 누르면 노래가 나오는 곰 인형이 있다고 합시다. 장애가 없는 아이들은 이 인형을 쉽게 갖고 놀 수 있겠지요. 하지만 손동작이 불편하거나 지적 능력이 부족한 아이들은 곰 인형 배를 누르는 것조차 힘들 수 있어요. 이때 버튼이 아주 큰 스위치를 곰 인형에 연결시켜, 배를 누르는 대신 큰 스위치를 누를 수 있게 만든다면 어떨까요? 손동작이 불편한 아이들도 곰 인형에서 나오는 노랫소리를 들을 수 있을 거예요. 이런 식으로 장애인들이 자신이 가장 움직이기 편한 신체 부위를 이용하여 장난감, TV, 라디오, 전등 등을 남의 도움 없이 스스로 작동할 수 있도록 도와주는 것이 바로 스위치입니다. 이런 스위치의 개념은 다양하게 확장될 수 있지요. 장애로 인해 컴퓨터 자판이나 마우스를 사용할 수 없는 사람이라도 눈을 깜빡인다거나 입으로 후후 바람을 부는 동작을 인식하는 스위치와 적합한 소프트웨어를 이용해서 컴퓨터를 사용할 수 있게 됩니다."

이렇게 준비된 문서를 한 문장 한 문장 엔터키로 밀어내면서 나는 학생들의 반응을 일일이 확인한다.

그런데 수업이라는 게 늘 내 예상대로만 진행되는 건 아니다. 어떤 학생은 전혀 생각지도 못한 돌발행동이나 기습적인 질문을 던져 나를 당황시키기도 한다. 그런 경우에는 미리 문서를 준비하지 못했더라도 즉석에서 자판을 쳐서 AAC를 통해 내 뜻을 전달하면 된다.

때로는 수업 전에 멀쩡하게 작동하던 AAC 소프트웨어가 강의 도중 갑자기 다운되는 경우도 있다. 지금이야 어느 정도 경험이 쌓였기 때문에 짐짓 당황스럽지 않은 척 특유의 '뻔순이 기질'을 발휘해 "테크놀로지? 좋지요! 그런데 그것도 잘 작동될 때만 좋은 거지……"라고 농담을 건네 분위기를 전환시키며 소프트웨어를 점검할 시간을 벌곤 한다. 하지만 강의 초창기에는 예상하지 못한 상황에 봉착하면 손이 덜덜 떨릴 정도로 당황해 자판을 제대로 치지도 못했다. 소프트웨어가 다운됨과 동시에 내 머릿속까지 다운되기라도 한 것처럼 아무 생각도 나지 않아 이리저리 우왕좌왕 소프트웨어를 복구해서 간신히 수업을 진행했던 기억이 있다.

더 당황스러운 일은, 간혹 가다 내 랩탑이 갑자기 멈춰서 AAC가 아예 작동이 안 될 때이다. 내가 사용하고 있는 AAC는 EZKeys라는 소프트웨어를 일반 랩탑에 설치해서 사용하는 것인데, 랩탑이 멈췄을 때는 컴퓨터를 재부팅해야 하기 때문에 수업을 다시 진행하기까지 시간이 꽤 많이 걸린다. 이런 경우를 대비해 항상 그날 강의 스크립트를 인쇄해서 가지고 다닌다. 그리고 이 스크립트를 가장 목소리 큰 학생에게 가져가 이렇게 말한다.

"컴퓨터가 다시 부팅될 때까지 당신이 내 AAC네요. 이 부분을 읽어줄 수 있겠지요?"

이런 상황에서 미리 준비한 인쇄물을 내밀며 농담을 하면, 학생들 눈에는 내가 꽤 여유 있고 담대한 사람으로 비쳐질 것이다. 속으로 얼마나 안달복달하고 있는지는 아무도 모르겠지. 연못 위에 우아하게 떠 있는 백조도 물속에서는 쉴 새 없이 물갈퀴를 놀리고 있다는데 내가 딱 그런 상황이다.

컴퓨터 자판의 엔터키를 눌렀는데도 AAC에서 아무런 소리가 나지 않는 당황스러운 일도 아주 가끔씩 일어난다. 그때도 그동안 쌓은 내 공을 발휘해 아무렇지도 않게 "I lost my voice(내 목소리를 잃어버렸어요)!" 하고 말했다. 강의실은 순식간에 웃음바다가 되었고, 그러는 사이 스피커 잭을 뺐다가 다시 꽂았더니 천만다행으로 스피커가 다시 정상 작동했다.

강의를 하다보면 하루에도 몇 번씩 이렇게 아찔한 순간도 있고, 다른 교수들보다 두 배 세 배 시간을 투자하는 것이 고되다고 느낄 때도 있다. 하지만 학생들을 가르치는 일은 내게 너무나 큰 보람과 자부심을 안겨준다.

얼마 전 40대 후반의 학생 한 분이 내게 배운 작문 교육용 프로그램(그래픽 툴을 이용하여 생각을 정리시켜주고, 정리된 생각을 글로 쉽게 옮길 수 있도록 도와주는 프로그램)을 사용해본 결과, 아이들이 무척 좋아했고 실제로 작문 수준도 높아지는 효과를 보았다고 말씀해주셨다. 이런 프로그램을 사용할 수 있도록 상세하게 가르쳐준 내게 감사하다고 하는 그분을 보며 얼마나 뿌듯했는지 모른다.

나는 학생들에게 "교수님에게 배운 모든 것을 내가 맡고 있는 학생들에게 적용하고 있고, 효과가 너무 좋다. 실용적인 강의를 해주어서 너무 고맙다"라는 이메일을 종종 받곤 한다.

내가 하는 일이 실제로 장애를 가진 아이들의 삶을 조금이라도 변화시킬 수 있다면, 그리고 그 아이들을 가르치는 선생님들에게 약간의 도움이라도 될 수 있다면, 강의 준비를 위해 바치는 내 시간들은 전혀 고되지 않다고 생각한다.

종강 일에 학생들의 프로젝트 발표가 끝나고, 내가 준비한 마지막 멘트는 매 학기 거의 비슷하다.

"여러분들의 프로젝트는 너무 훌륭했어요. 사실 지난 한 학기 동안 강의 준비하는 게 결코 쉽지만은 않았지만 여러분 덕분에 잘해낼 수 있었습니다."

내가 이렇게 말하면 학생들은 내 말에 고개를 끄덕인다. 내가 얼마나 강의를 열심히 준비했는지는 매주 그들이 직접 확인했기 때문이리라.

"하나라도 더 배우려는 여러분들의 의지와 나를 이해하려는 마음이 없었다면 지난 한 학기 동안 이 수업이 이렇게까지 잘 진행되지는 못했을 거예요. 나는 이번 학기에 참 좋은 그룹을 만났어요."

매번 종강 수업마다 비슷한 말로 마무리하지만, 결코 듣기 좋으라고 하는 소리만이 아니다. 실제로 내 수업을 듣는 학생들은 누가 짜놓기라도 한 것처럼 의욕이 넘치고, 나에 대한 이해심도 깊었다.

"한 학기 동안 수고하셨어요. 앞으로 하시는 모든 일에 행운이 함께하기를 바랄게요. 감사합니다."

마지막 멘트가 끝나면 누가 먼저랄 것도 없이 우리는 서로에게 박수를 쳐준다.

종강 후 썰물처럼 학생들이 빠져나가고 텅 빈 강의실에 나 혼자 앉아 있으면 15주간의 강의가 어떻게 진행되었는지 마치 오랫동안 꿈을 꾼 것 같다. 강의 준비가 힘들고 버거워서 내가 왜 이렇게 살아야 하나 푸념도 했고, 모두 그만두고 푹 쉬고 싶다는 생각이 간절할 때도 있었다. 그래도 내가 강의를 포기하지 못하는 건, 한 학기의 마지막 강의를 마쳤을 때 밀려드는 희열, 학생들의 긍정적인 수업 평가를 읽고 난 다음의 감동, 그리고 새로운 개념을 하나씩 알아갈 때마다 학생들의 얼굴에 번지는 미소 때문이다.

이런 것들이 내 삶에 얼마나 큰 원동력이 되는지 잘 알고 있기에 오늘도 나는 낮이건 밤이건 새벽이건 강의 준비에 몰두하고 있다.

작은 위로도
큰 힘을 갖는다

. . .

엄마는 이제 괜찮아

둘째 예빈이가 만 여덟 살 되던 2010년 5월 어느 날은, 내 인생에서 가장 어렵고 중요한 또 하나의 숙제가 풀린 기억할 만한 날이다.

그날 아침 곤히 자고 있는 예빈이를 깨우려고 머리를 쓰다듬어주자 잠결에 눈을 게슴츠레 뜬 아이가 갑자기 내게 기습 질문을 했다.

"엄마는 나나 오빠, 아빠한테 얘기할 때는 괜찮은데, 왜 다른 사람들, 그러니깐 내 친구들이나 선생님하고 이야기할 때는 눈이 일그러져? 친구들이 자꾸 물어봐."

그 순간, 4년 전 하빈이와 내 장애에 대하여 이야기를 나누었을 때가 떠올랐다. 그때와 마찬가지로 많은 생각을 하게 됐다. 동시에 이런 날이 온 것을 오히려 감사하게 생각했다.

봄 학기 강의가 얼마 전 끝나서 그래도 시간적 여유가 있는 그 즈음, 한 달 사이에 예빈이 학교에 두 번이나 갔다. 예빈이가 '그 주의 스타(star of the week)' 주인공이 되어서 반 친구들 앞에 나가서 책을 읽어준다기에 비디오를 찍어주려고 한 번, 그리고 생일날 컵케이크를 나눠주기 위해 한 번, 그렇게 나는 예빈이 친구들을 만났다.

내가 교실에 있는 그 짧은 시간에도, 친구들이 예빈이에게 나에 대해 물어보는 걸 먼발치에서 직접 듣기도 했고, 카페테리아에서 같이 앉아 점심을 먹을 때도 아이들의 호기심 어린 눈초리와 옆자리 친구와 수군수군 비밀 이야기를 나누는 걸 내가 못 볼 리 없었다.

그렇게 학교에 다녀온 이후, 내가 먼저 이야기를 꺼내볼까 생각했지만 '모든 것이 다 때가 있는 법'이라 여기며 그냥 무심한 듯 며칠을 흘려보냈다. 그리고 바로 그날 아침, 그때가 온 듯싶었다.

"친구들이 예빈이에게 그렇게 물었을 때 예빈이 마음이 어땠는데?"

"Embarrassed(당황했어)."

아이는 머뭇거리며 대답했다.

"그럼 친구들에게 뭐라고 대답해주었니?"

"모른다고 했지. 왜냐하면 정말로 나는 모르니까."

그동안 TV에서 또는 밖에서 장애가 있는 사람을 만날 때, 기회다 싶어 예빈이에게 나의 장애에 대해 인식을 시켜주려 했지만, 예빈이는 그렇게 깊이 파고들지 않아 여의치 않았다. 그래서 아직 준비가 안 되어 그러려니 하며 이리저리 기회를 보면서 기다리고 있던 중이었다.

나는 4년 전 하빈이와 나눈 대화를 생각하며 찬찬히 이야기를 시작했다.

"엄마가 아주아주 어렸을 때, 높은 열이 나서 병원에 갔어. 의사 선생님께서 열은 내려주셨지. 그런데 아마도 그때 엄마 머리 속 말하는 부분에 상처가 생겼나봐. 그래서 엄마가 말할 때 그런 거야."

그랬더니 갑자기 예빈이가 내 머리를 수박이 잘 익었나, 두드려보듯이 서너 번 통통통 두드려보더니 "Mom, I think you are just FINE now(내 생각에 엄마는 이제 괜찮아)"라고 명쾌하게 진단을 내리는 것이었다.

나는 아이의 깜짝 놀랄 만한 반응에 박장대소하며 웃을 수밖에 없었다. 그리고 너무 사랑스러워서 꼭 껴안고 한참을 있었다.

큰아이 하빈이는 엄마 머리 속에 상처가 있다고 말해주었을 때, 아주 걱정스러운 눈빛과 목소리로 내 머리를 조심스레 이리저리 살피며, 괜찮냐고, 아프지 않느냐고, 수술해서 고칠 수는 없느냐고 물어봤다. 그런데 예빈이는 자기 방식대로 내 머리를 검사한 뒤, 아주 자신 있게 지금은 괜찮아, 라고 나름대로 진단을 내려준 것이다. 한 배 속에서 나온 자식들도 전부 아롱이다롱이 다르다는 말이 꼭 맞다.

재미난 것은 하빈이와 예빈이가 엄마에 대한 미스터리가 풀린 시기가 모두 만 여덟 살, 초등학교 2학년 때라는 점이다. 여덟 살이 아이들의 생각이 한층 성장하는 나이라서 그런가, 하는 생각도 든다.

한참을 웃은 뒤, 예빈이도 큰아이 하빈이처럼 잘 이해해주기를 바라며 계속 이야기를 이어나갔다.

"엄마는 그래도 다른 엄마와 똑같지? 예빈이와 아빠, 오빠도 너무 사랑하고, 또 공부 열심히 해서 지금은 학생들도 가르치고."

열심히 이야기해주고 있는데, 예빈이가 갑자기 헬렌 켈러 이야기를 꺼냈다.

"헬렌 켈러는 귀도 안 들리고, 눈도 안 보이고, 말도 할 수 없었어. 목소리가 안 나왔어. 그래서 헬렌 켈러는 손으로, 그러니깐 'sign language(수화)'로 이야기를 했어."

옳거니 싶어서 "음, 그럼 예빈아. 헬렌 켈러하고 엄마하고 어떤 관련이 있을까?"라고 물었다.

"응, 헬렌 켈러는 손으로 이야기하고, 엄마는 컴퓨터가 이야기해주잖아."

예빈이의 대답이 제법 야무졌다.

하빈이나 예빈이 모두 내가 AAC를 사용해서 프레젠테이션 하는 것을 몇 번 현장에서 본 터라, 쉽게 연관을 지을 수 있었나 보다.

"그럼 이제 친구들이 물어보면 엄마가 왜 말할 때 눈이 일그러지는 지 이야기해줄 수 있겠니?"

예빈이는 내 물음이 끝나자마자 자리에서 벌떡 일어나 자기가 잊 어버릴 수도 있으니 노트에 써놓아야 한다며 종이를 가지고 와서는 이렇게 써 내려갔다.

What I should say to answer question(내가 어떻게 질문에 대답을 해야 할까)?

My mom is twitching her eyes because when she was young she had a bad high fever(엄마는 어렸을 때 나쁜 높은 열이 있었기 때문에 엄마의 눈이 일 그러진다).

But now her fever lowered down so she's fine(그러나 지금 엄마의 열은 다 내려갔고 괜찮다).

But she is kinda speechless(그러나 엄마는 어떻게 보면 말을 할 수 없다).

However she works hard and now she turned to be a professor(그 러나 엄마는 열심히 일하고, 지금은 교수가 되었다).

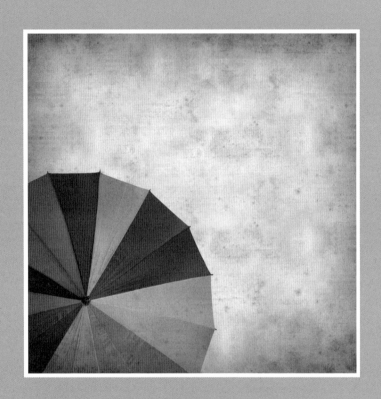

엄마를 잘 이해하고 잊어버릴까봐 노트에까지 써놓는 예빈이가 너무 고맙고 사랑스러웠다. 나는 예빈이가 쓴 노트를 스캔해놓았다. 몇 년 후에, 아이가 조금 더 크면 꺼내 보여주며 고맙다고 꼭 다시 한 번 이야기해주려고 말이다.

그 무렵 하빈이가 내게 언제 예빈이에게 엄마의 장애에 대해서 이야기해줄 거냐고 물어오곤 했던 터라, 나는 다음 날 신이 나서 하빈이에게 예빈이가 쓴 노트를 보여주었다. 그 순간, 하빈이가 갑자기 의아한 표정을 지으며 물었다.

"참 이상하네. 난 엄마의 눈이 일그러진다는 거 전혀 못 느꼈는데."

그 순간 나는 또 박장대소를 하고 말았다. 정말로 한 배 속에서 태어나고, 나와 항상 같이 생활하는 아이들인데도 이렇게 다를 수 있을까.

내게 보조공학으로 박사 학위를 시작하게 된 계기를 하빈이가 만들어주었다면, 예빈이는 박사 학위 과정을 무사히 마칠 수 있도록 힘을 준 아이였다. 사람들은 공부에만 매달려도 힘이 들었을 박사과정을 어떻게 가사, 출산, 육아를 모두 병행하며 해냈냐고 하지만, 애교 많고 사랑으로 똘똘 뭉친 예빈이가 세상에 존재한다는 것 자체가 바로 논문을 쓸 수 있는 힘이 되었다.

물론 논문 쓰는 막바지 기간에 아이 돌보는 일을 전담해준 듬직하고 고마운 남편과 항상 냉철하면서도 이것저것 관심이 많은 자랑스러운 아들 하빈에게도 감사한 마음이 크다.

돌이켜보면 쉽게 얻어진 것은 아무것도 없다. 그러나 힘든 순간, 고비 고비마다 사랑하는 가족과 함께 한 걸음 한 걸음 내딛었기에 가능했으리라.

지금 예빈이와 나는 가까운 친구 사이 같다. 마치 친정엄마와 내가 그래왔던 것처럼.

초등학교 5학년, 벌써 십대 소녀가 된 예빈이는 요즘 부쩍 패션에 관심이 많다. 함께 쇼핑을 하러 나가면, 예빈이는 자기 옷을 고르고는 나에게 어울릴 만한 걸 골라서 같이 입어보자고 한다. 엄마는 옷 안 사도 괜찮다고 하면 "왜요? 이 옷 엄마한테 진짜 잘 어울릴 것 같아요"라고 한다.

얼마 전에는 모자 파는 코너에 가서 이것저것 써보더니, 코발트빛 모자를 쓰고는 거울에 비친 자기 모습에 꽤나 흡족한 미소를 지었다. 예빈이에게 잘 어울리고 예쁘기에 "우리 딸 너무 예쁘다. 엄마가 사줄게"라고 했더니, "엄마도 하나 써보세요" 하며 추천해줬다.

예빈이가 골라주는 모자를 써보는데 어찌나 행복하던지!

보통 때 같으면 예빈이 등쌀에 못 이겨 써보기는 해도 사지는 않았을 텐데, 그날 아이가 골라준 모자를 쓰고 거울을 보자, 거울 속 여인이 세상에서 가장 행복한 사람처럼 보여 지갑을 열지 않을 수가 없었다. 요즘 외출할 때 우리 모녀는 모자로 한껏 멋을 내고 어깨를 활짝 펴고 당당하게 활보한다.

이것이 내가 행복하게 살아가는 이유다.

4부

나는 오늘도

한 걸음

더

나아간다

"살아가다 만나는 장애물을
힘차게 넘어갈 수 있도록 도와주는
디딤돌 같은 사람이 되고 싶다."

내가 꿈을 이루면 난 다시
누군가의 꿈이 된다

■ ■ ■

전 세계 학자들을 울린 45분간의 연설

2006년 8월, 독일에서 열린 국제 보완대체 의사소통기기학회 (ISAAC) 시상식장에 수많은 인파가 모여들었다. 학회에서 주최하는 Words+/ISAAC Outstanding Consumer Lecture Award의 수상자로 뽑혀 45분간 연설을 하기로 되어 있던 나는 깜짝 놀랐다. 내 연설을 듣기 위해 이렇게나 많은 사람들이 참석했다는 사실이 믿어지지가 않았다. 연설 시간에는 학회 다른 스케줄이 전혀 없어서 참석자가 많을 것이고, 실질적으로 학회의 하이라이트가 될 거라는 주최 측의 귀띔이 있긴 했지만 이 정도일 줄은 몰랐다. '큰 무대'에 강하다는 소리를 평소에 종종 들어오긴 했어도 새삼 가슴이 떨려오는 건 어쩔 수 없었다.

대기실에서 객석을 훑던 내 레이더에 반가운 얼굴들이 포착되었다. 내 연설을 듣기 위해 한국에서 일부러 오신 엄마, 평상시처럼 침착한 표정으로 앉아 있는 남편, 나를 찾는 듯 무대 여기저기를 두리번거리는 하빈이와 할머니 품에 얌전히 안겨 있는 예빈이의 얼굴이었다. 그들을 보자마자 나도 모르게 마음이 편안해졌다.

'그래, 거창한 연설이라고 생각할 게 아니라, 내 가족에게 바치는 러브레터라고 생각하자. 녹록하지 않은 세상이었지만 언제나 저들 때문에 용기를 내 도전해오지 않았던가.'

마침 내 에세이의 주제도 바로 '가족의 사랑'이었다. 그동안 내게 변함없는 애정과 신뢰를 보내주셨던 부모님, 항상 흔들림 없이 내 곁에서 응원해준 남편, 그리고 무엇과도 바꿀 수 없는 소중한 두 아이들의 이야기를 담담하게 풀어냈는데, 그게 주최 측의 공감을 얻어 나를 수상자로 뽑아준 것 같다.

마침내 연설 시간이 다가왔다. Words+ 사의 사장 제프의 인사말에 이어 진행자가 나를 소개하는 소리가 들려왔다.

"Here is a very amazing person. Please welcome Dr.

Yoosun Chung(아주 굉장한 분을 소개합니다. 여러분, 정유선 박사를 환영해 주세요)!"

나는 우레와 같이 쏟아지는 박수갈채를 받으며 무대 중앙으로 향했다. 신이 나서 열렬하게 박수를 쳐대는 하빈이와 예빈이의 얼굴이 눈에 들어왔다. 아이들을 향해 제법 여유롭게 웃어준 후 곧바로 연설 준비에 들어갔다.

그날의 연설도 강의할 때 사용하는 AAC를 이용해 진행했다. 내가 준비한 글은 AAC에 내장된 침착하고 이성적인 컴퓨터 기계음으로 바뀌게 될 터라 감정을 전달하는 건 쉽지 않은 일이었다. 하지만 나는 진심을 담아 연설을 준비했기에, 청중들에게 내 마음이 잘 전달될 거라 믿어 의심치 않았다.

AAC와 파워포인트 슬라이드를 이용해 연설이 시작되자 대기실에서보다 마음이 한결 차분하고 편안해졌다. 직접 내 목소리를 내지 않아도 되는 데다 전날 밤 늦게까지 준비 위원장 존 코스텔로와 철저하게 예행연습을 해두었기 때문에 청중들과 가족의 반응 하나하나까지 확인하며 여유 있게 이야기를 해나갈 수 있었다.

연설이 절정으로 치달았을 때 하빈이와의 에피소드를 소개했다. 생선을 많이 먹으면 내 머리도 낫는 거냐고 묻던 하빈이의 순수한 발상에 청중들은 조용히 미소를 짓기도 하고, 손수건을 꺼내 눈물을 닦

기도 했다. 그런 청중들의 모습을 보니 나 역시 새삼 북받치는 감정을 가까스로 억누르고 평정심을 유지하기 위해 안간힘을 써야 했다.

하지만 연설이 후반기로 접어들고 부모님께 고마움을 전하는 대목에 이르자 나도 모르게 그만 눈물이 흘러내리기 시작했다. 부모님이 나를 키우며 지금까지 남몰래 흘리셨을 눈물을 생각하니 나 역시 눈물을 주체할 수가 없었다.

그때였다. 객석에 제법 의젓하게 앉아 내 연설을 경청하던 하빈이가 연단으로 뛰어 올라오는 것이 보였다. 하빈이는 날쌘 다람쥐처럼 내게 다가와 손에 손수건을 꼭 쥐어주고는 다시 쏜살같이 자리로 돌아갔다. 하빈이의 그런 행동에 청중석은 흐뭇한 웃음소리로 가득 찼고, 곧이어 하빈이와 내게 박수갈채가 쏟아졌다. 하빈이가 건네준 손수건으로 눈물을 대충 수습한 나는 마음을 추스르고 다시 연설에 집중할 수 있게 되었다.

드디어 45분간의 연설이 끝나고 내 에세이의 주인공인 가족을 소개하는 시간이 왔다. 내가 호명하자 예빈이를 품에 안은 엄마와 남편, 하빈이가 일어나 청중들에게 고개를 깊이 숙여 인사를 했다. 그러자 그 자리에 있던 모든 청중들이 기립을 했다. 그리고 나와 내 가족을 향해 힘찬 박수를 보내주었다.

그들의 기립 박수는 무려 5분간이나 계속되었다. 쏟아지는 박수 세례를 받으며 나는 또 눈물을 흘렸다. 감격스러운 이 순간에 사랑하는 내 가족과 함께 있을 수 있어서, 이 많은 사람들의 박수갈채를 그들에게 선물할 수 있어서 감사하고 또 감사했다.

입학식 때 친구들로부터 놀림을 받고 울음을 터뜨렸던 여덟 살 꼬마와 그런 딸아이를 차마 보지 못해 학교 뒤뜰에서 홀로 눈물을 쏟았던 엄마……. 영어 발음이 꼬이고 말문이 열리지 않을 때마다 교단에 선 채 웃음거리가 된 여덟 살 꼬마로 되돌아가는 악몽을 얼마나 꾸었던가. 전 세계 학자들의 기립 박수가 쏟아질 감격스러운 날이 준비되어 있다는 걸 알았다면 그 시절의 엄마와 나는 조금 덜 울었을까.

견디기 어려운 것일수록 아름다운 추억이 된다고 했던가. 세월이 흐른 뒤 과거를 돌아보면 당시에는 죽을 만큼 어려웠던 일이었지만 그것이 내게 얼마나 귀중한 경험과 자산이 되었는지 다시금 깨닫는다. 그날의 연설 기회는 내겐 그런 시간이었다.

그날, 전 세계 학자들을 울렸던 나의 강연 에세이는 이후 11개국 언어로 번역되어 보다 많은 사람들에게 읽혀지게 되었다. 이 사실이 나는 더없이 자랑스럽다. 내가 유명해지고 사람들이 나를 알아주기 때문이 아니다. 물론 나는 정치인이나 연예인처럼 유명 인사도 아니며 그런 사람이 되고 싶다는 생각도 없다. 어린 시절 헬렌 켈러나 슈바이처 박사의 위인전을 읽으면서 언젠가는 나도 그런 사람이 되겠다고 다짐한 적도 있지만, 인생 후반전에 역전 홈런을 날리지 않는 한 내 이름이 위인전에 오를 일은 없을 것 같다. 다만, 이 세상 어느 누군가에겐 내 이야기가 의미 있을지도 모른다는 생각을 해본다.

나폴레옹이 '내가 꿈을 이루면 난 다시 누군가의 꿈이 된다'는 말을 했다.

내가 하는 일이 비록 세상을 뒤흔들어놓을 정도로 대단한 일은 아니지만, 부족한 내가 꿈을 이룬다면 다른 이들도 용기를 얻을 것이라는 작은 소망을 품는다.

나는 주어진 여건 속에서 충실히 살다 보면, 자신의 목표를 달성하고 한 걸음 더 나아갈 수 있다는 걸 증명하고 싶다. 세상 사람들이 꿈을 이루어나가는 과정에서 내가 조금이라도 도움을 줄 수 있다면 더없이 행복하겠다.

아이들은 부모의 뒷모습을
보고 자란다

■ ■ ■

학부모 자원봉사에 나서다

미국에서는 학부모가 아이들 학교에 찾아가 이런저런 자원봉사를 하는 것이 매우 자연스러운 일이다. 학교에서도 학기 초에 보내는 공문을 통해 무슨 요일에 어떤 도움이 필요하니 시간이 허락되는 부모님은 자원봉사에 지원해달라고 부탁한다.

학교에서 학부모들에게 부탁하는 자원봉사는 생각보다 쉬운 일이다. 도서관에서 책을 정리하거나 아이들에게 책을 읽어주는 일, 가위질처럼 아이들 혼자 하기 어려운 활동을 도와주는 일 등이 자원봉사에 해당한다.

하빈이가 초등학교에 들어간 후 처음 학교에서 보낸 자원봉사 지원서를 받아 들었을 때는 눈앞이 캄캄했다. 주변 이야기를 들어보면 열성인 엄마들은 학교에서 거의 살다시피 하고, 사정이 안 되는 엄마라도 1년에 적어도 서너 번은 자원봉사에 지원하는 것 같았다.

학교 자원봉사 가운데는 아이들에게 책을 읽어주거나, 학교 카니발에서 아이들에게 게임 규칙을 설명해주는 등 내가 할 수 없는 영역이 분명 있다. 하지만 소풍 갈 때 아이들 서너 명의 손을 잡고 무리에서 이탈하지 않게 돌봐주는 일, 아이들이 1부터 100까지 다 셀 수 있는지 확인하고 체크하는 일들은 충분히 할 수 있을 것 같았다. 그래도 선뜻 나설 용기는 나지 않았다.

대부분의 엄마들이 자원봉사를 하는데 나만 안 하자니 마음이 불편하고, 그렇다고 하자니 내 장애를 하빈이 친구들이 어떻게 받아들일지 걱정이 됐다.

말할 때마다 일그러지는 내 얼굴은 아이들에게 호기심과 관심의 대상이다. 어떤 아이들은 대놓고 물어보기도 한다.

"아줌마 얼굴이 왜 그래요?"

심지어 어떤 아이는 내가 무섭다며 울음을 터뜨리기도 한다. 아이들의 반응은 정직하고 순수하다. 나를 처음 보는 아이라면 그런 반응을 보이는 게 너무나 당연하다.

걱정되는 건 아이들의 그런 반응 때문에 하빈이와 예빈이가 상처

입고 주눅 들지 않을까 하는 점이다. 내가 호기심의 대상이 되는 것까 진 괜찮은데, 우리 아이들에게까지 상처가 된다면 엄마로서 어떻게 견뎌낼 수 있겠는가.

하지만 그런 걱정은 내 기우에 불과했다. 하빈이는 학교에 찾아 간 나를 전혀 부끄럽게 생각하지 않았다. 아이들의 호기심 어린 눈망 울이 내 얼굴에 집중될 때마다 나는 자꾸만 움츠러들었지만, 하빈이 는 그런 나를 향해 활짝 웃어주었다. 부끄럽게 생각하기는커녕 세상 을 다 가지기라도 한 듯 한껏 들뜬 표정으로 만나는 친구들에게 모두 "우리 엄마야. 우리 엄마!" 하며 자랑스럽게 말하고 다녔다. 그런 하빈 이를 보면서 나는 용기를 냈다.

'그래, 하빈이가 나를 자랑스러워한다면 더 당당해져야 한다. 나 는 하빈이 엄마니까, 하빈이의 자랑스러운 엄마니까……'

하빈이 덕분에 둘째 예빈이가 다니는 유치원 자원봉사도 자신감을 가지고 할 수 있게 됐다. 한번은 유치원에 같이 다니는 친구 엄마가 미술 시간에 와서 도와줬는데, 그게 부러웠는지 예빈이가 꼭 와달라 고 졸랐다. 아이의 간곡한 부탁에 나는 미술 선생님께 이메일을 보내 언제 가서 도와주는 게 좋을지 여쭤본 후, 정해준 날짜에 방문해 1시 간 동안 아이들이 만들기 할 때 가위로 종이를 자르고 풀을 붙이는 걸

도와주었다.

내가 유치원에 나타나자마자 표정이 밝아지기 시작해 미술 시간 내내 주인공이라도 된 듯 어깨에 잔뜩 힘이 들어가 있는 예빈이를 보니, 1시간의 수고가 전혀 고생스럽지 않았다. 자원봉사 한다고 누가 상을 주는 건 아니지만, 엄마에게는 내 아이가 환히 웃는 얼굴을 볼 수 있다는 것 자체가 곧 보상이자 대가가 아닌가 싶다.

하빈이와 예빈이 친구들은 학부모 자원봉사를 하는 나를 보고 어렴풋이나마 '아, 저 친구 엄마는 말하는 것이 불편하고 얼굴도 조금은 일그러지지만 하빈이, 또는 예빈이를 저렇게 잘 보살펴주는구나. 우리 엄마랑 똑같구나' 하고 느꼈을지 모른다. 뇌성마비 장애가 있는 엄마도 다른 엄마들처럼 학교에서 자원봉사를 하고, 아이들을 위해 요리를 하고, 함께 웃고 놀아주는, 그런 평범한 엄마라는 걸 말이다.

학부모 자원봉사를 다녀온 후 나는 당당한 엄마가 되기 위해, 그리고 장애인과 비장애인이 한데 어우러져 사는 세상을 위해 미약하나마 내가 할 수 있는 일이 바로 이런 학부모 자원봉사가 아닌가, 라는 생각을 했다. 그래서 학부모 자원봉사를 통해 좀 더 의미 있는 일을 해보고 싶었다. 하빈이와 예빈이 친구들에게 장애의 유무로 사람을 차별하고 구분하는 건 옳지 않다는 걸 가르쳐줄 수 있다면 정말 좋지 않을까.

그런데 마침내 절호의 기회가 찾아왔다. 하빈이가 초등학교 3학년에 막 올라갔을 무렵, 담임선생님이 단순한 자원봉사가 아니라, 일일 교사 시간을 통해 아이들과 함께 '더불어 사는 삶'에 대하여 이야기를 나누어보는 게 어떻겠느냐고 제안을 해온 것이다.

언어장애가 있는 내게 아이들 앞에서 말을 해야 하는 자원봉사는 일단 기피 목록 1호였다. 그런데 담임선생님은 내가 사용하고 있는 AAC를 아이들에게 보여주고, 그걸 이용해 일일 교사를 해달라고 부탁을 한 것이다. 그런 일이라면 충분히 가능했다. 아니, 오히려 기대했던 바라고 해야 하나.

나는 선생님의 제안을 받은 날부터 즉시 일일 교사 준비 작업에 착수했다. 아직은 어린 초등학교 3학년 아이들에게 장애에 대해 어떻게 말해주어야 할지, 어떻게 접근해야 이해가 빠를지 고민하고 또 고민했다. 장애인에 대한 인식 개선을 주제로 그간 종종 연설할 기회가 있긴 했지만, 열 살 아이들 눈높이에 맞추려니 더 많은 고민이 따랐다.

몇 날 며칠에 걸쳐 정성과 시간을 들인 끝에 마침내 일일 교사 수업을 위한 교육 계획서를 완성할 수 있었다. 강의를 준비할 때처럼 파워포인트를 이용하여 슬라이드를 만들고, 그날 해야 할 말들을 AAC에 문서로 저장해두었다.

그리고 마침내 일일 교사를 하는 날, 교실에 들어선 나는 내 소개부터 했다.

"만나서 반가워. 나는 하빈이와 예빈이, 두 아이의 엄마야. 또 하빈이 아빠의 아내이고, 조지 메이슨 대학의 교수이기도 하지. 그리고 나는 여러분처럼 먹는 걸 좋아하고 놀이공원에서 노는 걸 좋아하는 사람이야."

교단에 선 나를 의아한 눈길로 바라보던 아이들이 내 소개를 듣고는 "와" 하고 웃음을 터뜨렸다. 분위기가 한결 부드러워진 걸 확인한 뒤 나는 준비한 이야기를 시작했다. 우선 일반적인 장애의 종류에 대해 설명하고 뇌성마비에 대해서도 알기 쉽게 이야기해주었다. 그런 다음 보조기기에 대해서도 파워포인트 슬라이드를 통해 설명했다.

"장애를 갖고 있는 사람 중에 유명한 사람 넷만 이야기해볼게. 루즈벨트 대통령, 슈퍼맨 역할을 했던 영화배우 크리스토퍼 리브, 헬렌 켈러, 그리고 스티븐 호킹 박사."

나는 그들이 장애를 어떻게 극복하고 훌륭한 사람이 될 수 있었는지 차근차근 들려주었다. 그리고 한국의 신문들과 조지 메이슨 대학 동문 잡지에 실린 나에 관한 기사를 보여주었다.

"나는 헬렌 켈러나 스티븐 호킹 박사처럼 유명하고 위대한 사람은 아니지만, 나름 매스컴을 여러 번 탔단다. 왜인지 아니? 노력으로 장애를 극복하고 원하는 걸 이룬 내 모습이 다른 사람들에게 좋은 본보기가 될 수도 있기 때문이야."

그러자 하빈이가 으쓱한 표정으로 주변 친구들을 돌아봤다. 평상시에 자기소개를 할 기회가 있으면 "우리 엄마는 아주 유명해요. 말하자면 기니까 궁금하면 개인적으로 나한테 물어보세요" 하는 아이니, 당시의 내 모습이 얼마나 자랑스러웠을까.

수업은 기대 이상으로 성공적이었다. 아이들은 내 이야기를 매우 집중해서 열심히 들었고, 전에는 한 번도 생각해본 적이 없는 장애에 대해 진지하게 고민해보는 계기를 갖게 된 듯했다.

준비한 이야기를 끝낸 다음 아이들에게 질문을 받았다. 역시 가장 많이 나온 질문은 "뇌성마비도 전염이 되나요?"였다.

나는 하빈이를 가리키며 대답했다.

"아니, 뇌성마비 장애는 전염이 안 돼. 하빈이를 보면 알 수 있지."

아이들은 하빈이를 바라보며 고개를 끄덕였다.

그 다음 질문은 뇌성마비 장애도 완벽하게 치료될 수 있느냐는 것이었다. 이 대목은 나도 정말 유감이었다.

"뇌성마비를 완벽하게 고칠 수는 없어. 하지만 어릴 때부터 물리치료, 언어치료, 작업치료 등을 꾸준히 하고 열심히 노력하면 증상이 완화될 수 있어. 나도 초등학교 때는 지금보다 걷는 게 더 힘들었고 말하는 것도 더 부자연스러웠단다. 하지만 꾸준히 치료를 받은 결과 많이 좋아졌지."

이외에도 질문은 계속 이어졌다. 집에서 하빈이와 이야기할 때도 AAC를 사용하느냐, 그 기기를 어디든 갖고 다니느냐 등 아이들의 질

문은 끝이 없었다. 마음 같아서는 아이들이 궁금해 하는 모든 질문에 답을 해주고 싶었는데, 시간 관계상 그러지 못해 아쉬웠다.

수업이 끝나고 집으로 돌아오면서 하빈이에게 소감을 물었다. 하빈이의 대답은 단순 명료했다.

"엄마, 나 너무너무 신나요. 왜냐하면 이젠 내 친구들이 엄마가 왜 유명한지 알게 됐기 때문이에요."

공교롭게도, 둘째 예빈이도 3학년이 되자 담임선생님께서 또 일일교사를 부탁해오셨고, 나는 기꺼이 응했다. 4년 전 하빈이가 3학년 때 수업했던 자료가 그대로 있었기 때문에, 준비는 별로 어렵지 않았다.

예빈이는 내가 교실로 들어서자 환한 미소로 나를 반겨주었고, 내가 이야기할 때, 옆에서 조교 역할을 성실하게 해주었다. 특히 내가 쓴 책과 내 기사가 나온 여러 가지 신문, 잡지 자료들을 들고 친구들에게 보여주기 위해 교실을 한 바퀴 돌 때는 그야말로 우쭐한 표정이었다. 수업을 무사히 마치고 보람찬 마음으로 집으로 향하는 나와 예빈이의 발걸음은 승전보를 알리러 가는 군인처럼 씩씩했다.

다음 날 방과 후 예빈이는 커다란 봉투를 내게 전해주었다. 봉투 안에는 예빈이 반 친구들이 나에게 쓴 편지들이 가득했다. 담임선생님께서 아이들에게 예빈이 엄마의 수업을 듣고 느낀 점을 편지 형식으로 쓰라고 한 모양이었다. 편지 내용들이 3학년 아이들 생각이 맞나 싶을 정도로 진지한 것도 있었고, 그야말로 아이들의 순수함이 묻어나는 내용들도 많았다.

- "장애인들을 이상하다고 생각하거나 놀리면 안 된다는 것을 배웠습니다."
- "시각장애인도 책을 읽을 수 있고, 청각장애인도 특수 전화를 사용할 수 있다는 새로운 사실을 알았습니다."
- "모든 사람들이 소중하다는 것을 가르쳐주셔서 감사합니다. 미래에 의사들이 아줌마를 고쳐주었으면 좋겠습니다."
- "예빈이는 아줌마 같은 엄마를 가져서 참 행복하겠어요."
- "교수님은 특별한 사람입니다."
- "교수님 동상이 있나요?"
- "다음에 오실 땐 캔디를 가지고 올 수 있어요? 만약 시간이 없으시면 예빈이 편에 보내셔도 돼요."

아버지는 항상 내게 말씀하셨다. 나만 생각하면 아무리 어려운 일이 닥쳐도 힘이 난다고. 엄마가 되고 보니 아버지의 그 말씀을 이해할 수 있겠다.

나 역시 두 아이가 자랑스러워할 만한 엄마가 되기 위해서라면 힘을 내서 뭐라도 할 수 있을 것 같다.

그래서 나는 오늘도 자원봉사 지원서에 사인을 한다. 몸이 불편한 엄마라도 아이를 사랑하고 돌보는 데는 아무런 지장이 없다는 걸 증명해 보이기 위해, 그래서 두 아이들에게 더 자랑스러운 엄마가 되기 위해 말이다.

세상에서 가장 멋진 일,
따뜻한 가슴을 가졌다는 것

■ ■ ■

장애인 주차장을 양보하다

수년 전 날씨가 유난히 화창하던 5월의 어느 날, 온 가족이 오랜만에 외출을 했다. 여기저기 둘러보고 식당에서 늦은 점심을 먹고 있는데, 갑자기 하빈이가 물었다.

"엄마, '핸디캡트(handicapped)'랑 '디스어빌리티(disability)'가 다른 말이에요?"

하빈이가 가리키는 곳에는 'handicapped'라고 적힌 화장실이 있었다. 'handicapped'나 'disability' 모두 '장애'를 가리키는 말이지만, 요즘은 'handicapped'보다는 'disability'가 더 보편적으로 쓰인다고 말해주었다. 하빈이는 알았다는 듯 고개를 끄덕이더니, 이내 또다시 고개를 갸웃거렸다.

"근데 엄마는 아까 왜 저기 안 들어가고 다른 화장실에 갔어요?"

하빈이는 내가 왜 장애인용 화장실 대신 일반 화장실을 사용하는지 자못 궁금했던 모양이다.

"엄마는 잘 걸을 수 있고, 옷을 입고 벗는 데도 불편함이 없으니까 굳이 장애인용 화장실에 안 가도 돼."

하빈이의 질문이 계속됐다.

"그럼 어떤 사람이 장애인용 화장실에 가요?"

"장애인용 화장실에 들어가보면 변기 옆에 손으로 잡을 수 있는 바가 설치되어 있어. 잘 걷지 못하거나, 일어나고 앉는 게 힘든 사람을 위한 거야. 그리고 일반 화장실보다 굉장히 넓어. 그래야 휠체어를 사용하는 장애인이 들어가기 쉽거든. 도와줄 사람이 함께 들어갈 수도 있고."

"그런데요, 엄마. 엄마도 장애가 있으니까 그냥 저기 가도 되잖아요. 일반 화장실보다 더 가깝고 줄을 서지 않아도 되는데……."

그러고 보니 하빈이 말마따나 나는 근처에 장애인용 화장실이 있어도 멀리 있는 일반 화장실을 사용해왔던 것 같다. 나조차 미처 의식하지 못하고 당연하다고 여기며 했던 행동 패턴을 하빈이가 예리하게 지적했던 것이다.

"하빈아, 장애인용 화장실은 몇 개 없잖아. 가깝다는 이유로 엄마가 사용하면 정말로 장애인용 화장실이 필요한 사람이 못 쓸 수도 있지 않을까?"

하빈이는 내 답변이 썩 마음에 들었는지 나를 향해 씩 웃어주더니 엄지손가락을 들어 올렸다. 그런 하빈이를 보니, 아이들 때문에라도 바르게 살아야겠다는 생각을 새삼 하게 됐다.

함께 살 만한 세상이란 거창한 이념이 아니라, 이런 작은 양심과 배려가 모이고 모여 만들어지는 게 아닐까 싶다.

부질없는 이야기지만, 가끔은 이런 상상을 해보곤 한다. 만일 하나님이 내게 장애 가운데 하나를 선택할 기회를 주신다면 나는 어떤 선택을 할까. 입 밖으로 영어가 한마디도 나오지 않아 고생을 할 당시에는 언어장애 대신 차라리 휠체어를 타고 다니는 게 낫겠다고 생각한 적도 있었다. 하지만 하빈이와 예빈이를 키우면서는 부실한 다리나마 내 두 다리로 걸을 수 있다는 사실이 참 감사하다.

만일 내가 휠체어 없이 움직일 수 없는 몸이었다면 두 아이와 함께 맨발로 걷는 잔디밭이 어떤 감촉인지, 여름 바다에 발을 담그고 함께 물장구를 치는 게 얼마나 즐거운지 느끼지 못했을 것 아닌가. 또 아침마다 어린 예빈이를 깨워 등에 업고 주방까지 가는 일도, 한글학교를 마친 하빈이를 번쩍 안아주는 일도 불가능했을 것이다. 비록 온전한 걸음걸이는 아닐지언정 두 아이를 키우는 데 큰 지장이 있는 건 아니니 그저 고마울 따름이다.

무엇보다도 운전을 할 수 있다는 건 정말 감사한 일이다. 한국과 달리 미국에서는 차 없이는 전혀 움직일 수가 없다. LA나 뉴욕과 같은 대도시에는 지하철이나 버스로 이동하는 게 가능하지만, 조금만 외곽으로 빠져도 대중교통을 거의 이용할 수가 없다. 통학이나 출근 모두 자가용으로 해야 하고, 하다못해 우유 한 팩을 사려 해도 차를 끌고 나가야 한다. 그래서 미국에서 차 없이 지낸다는 건 마치 다리가 불편한 사람이 휠체어 없이 사는 것과 마찬가지라고 봐야 한다.

이런 나라에서 만일 내가 운전을 못 하는 상황이었다면 어땠을까. 생각만 해도 아찔하다. 하교하는 아이들을 누가 집까지 데리고 올 것이며 토요일마다 가는 한글학교, 방학이면 보내는 각종 캠프에는 또 어떻게 데려갈 수 있을까.

물론 운전하는 동안 근육에 잔뜩 힘이 들어가기 때문에 장시간 운전 후에는 극도의 피로감에 시달려야 하지만 그래도 운전하는 매 순간마다 나는 하나님께 감사, 또 감사드린다. 내가 운전을 할 수 있을, 딱 그 정도의 지체장애를 가진 것은 그야말로 축복이다.

몇 년 전 학교에서 진행하는 프로젝트 건으로 동료 하이디와 함께 자주 외근을 하곤 했다. 하이디는 발달장애를 가진 아들 때문에 장애인 주차증을 소지하고 있다. 내 차로 함께 외근을 나가는 길에 그녀는 내게 왜 장애인 주차증을 발급받지 않느냐고 물었다. 사실, 나는 지금까지 장애인 주차증을 발급받지 않았다. 아예 걷지 못하는 것도 아니고 휠체어 탈 일도 없으니 굳이 필요성을 못 느낀다고 대답하니, 하이디는 의아하다는 듯 말했다.

"겨울에 꽁꽁 언 빙판길 걷는 거 힘들어하잖아. 장애인 주차증이 있으면 연구실 가까운 데 있는 장애인 주차장에 차를 댈 수 있으니까 한결 나을 텐데."

또 다른 동료 크리스틴도 장애인 주차증을 갖고 있다. 그녀도 나와 같은 뇌성마비 장애인이다. 그런데 걸을 때 양발의 균형이 맞지 않아 약간 절뚝거리는 걸 제외하면 비장애인과 거의 다를 바가 없다. 나처럼 언어장애가 있는 것도 아니어서 앉아 있을 때는 전혀 장애인 같지가 않다. 하지만 아무래도 다리가 불편하다 보니 주차는 항상 장애인 주차장에 한다.

그녀 역시 내가 장애인 주차증을 발급받지 않는 걸 매우 의아하게 여긴다. 장애인 주차증은 장애가 있다는 의사의 진단만 있으면 쉽게 나오는데 왜 고생을 사서 하느냐고 한다.

2008년도 봄에 남동생 진영이가 부인과 함께 카네기멜론 대학교 엔터테인먼트 테크놀로지 대학원 과정의 졸업식에 참석하기 위해 미국에 왔다. 한국이나 미국이나 행사가 있는 곳이면 주차난은 항상 있게 마련이다. 졸업식 시간에 딱 맞춰 가니 빈자리를 찾을 수가 없었다(이런 주차난 속에서도 미국인들은 장애인 주차장에 절대 차를 대지 않는다. 100~200불 하는 벌금이 무서워서인지, 아니면 시민의식이 투철해서인지 잘 모르겠지만, 아무튼 장애인 주차장에 주차를 하는 사람은 거의 없다).

차를 댈 공간을 찾아 주차장을 몇 바퀴째 돌고 있노라니 남동생이 물었다.

"누나, 장애인 주차증 없어?"

비어 있는 장애인 주차장을 놔두고 주차할 곳을 찾아 헤매고 있는 내 모습이 이상했던 모양이다.

별 필요가 없어 발급받지 않았다고 대답했더니 남동생은 놀란 듯 말했다.

"왜? 장애인 주차증은 발급받을 만하잖아. 한국에는 사돈의 팔촌까지 동원해서라도 어떻게든 받으려는 사람들도 많은데, 누나는 왜 안 받아?"

그들이 나를 의아하게 생각하는 것도 당연하고, 왜 의아하게 생각하는지도 잘 안다. 다른 계절에는 괜찮지만, 나도 겨울만큼은 내 부실한 다리가 행여 실수라도 할까 겁이 나는 건 사실이다. 눈이 온 뒤의 빙판길은 나처럼 온전하게 걷기 힘든 사람들에게는 그야말로 공포의 대상이다. 그럴 때 장애인 주차증이 있으면 가까운 곳에 차를 대고 곧

바로 연구실에 들어갈 수 있으니 편하긴 할 것 같다.

일반 주차장이 꽉 차서 차가 빠질 때까지 그 주변을 빙글빙글 돌아야 할 때, 더 이상 시간을 지체할 수 없어서 먼 주차장에 차를 대고 연구실까지 한참을 걸어와야 할 때도 장애인 주차증이 아쉽다. 주차난 때문에 수업이 늦게 있는 날에도 일찍 출근을 하는 나로서는 텅 빈 장애인 주차장을 볼 때마다 마음이 흔들리는 것도 사실이다.

그런데도 내가 장애인 주차증의 유혹을 뿌리치고 있는 데는 그만한 이유가 있다. 누군가는 나에게 '장애인'이라는 꼬리표가 싫어서 발급받지 않느냐고 묻는데, 그건 아니다. 나보다 절실하게 장애인 주차장이 필요할 누군가를 위해 그 혜택을 남겨두는 게 옳다고 생각하기 때문이다.

아무도 알아주지 않아도 내가 베푼 사소한 배려로 단 한 사람이라도 미소 지을 수 있으면 된다.

내가 가까이에 있는 장애인 화장실을 놔두고 군이 먼 데 있는 일반 화장실을 이용하는 것도 마찬가지 이유에서다.

솔직하게 말하면 겨울이 올 때마다 마음속으로 끊임없이 갈등을 한다. 일단 장애인 주차증을 발급받은 다음, 눈이 오고 땅이 얼어붙은

날에만 사용하는 건 어떨까? 하지만 그건 안 될 말이다. 사람 마음이라는 게 참 간사해서 일단 장애인 주차증이 생기면 수시로 장애인 주차장을 이용하고 싶은 달콤한 유혹에 빠지게 될 것이다. 주차 공간은 없고 장애인 주차장은 텅텅 비어 있을 때, '에라 모르겠다' 하면서 그쪽으로 핸들을 꺾지 않으리라는 보장이 어디 있겠는가.

물론 조만간 나에게도 장애인 주차증이 절실할 날이 올지도 모른다. 뇌성마비 장애인들은 근육이 불필요하게 긴장하거나 수축되는 경우가 많아 목이나 어깨, 허리 등에 근육통이 자주 생긴다. 나 역시 말 한마디를 할 때에도 근육에 힘이 잔뜩 들어가기 때문에 만성적인 근육통에 시달리고 있다. 컴퓨터로 글을 쓸 때, 운전을 할 때, 요리를 할 때는 물론이고 심지어 몇 달 전부터는 음식을 씹을 때도 얼굴과 턱 근육에 무리가 가는 걸 느낀다.

한 연구 결과에 따르면 뇌성마비 장애인들은 30대 후반에서 40대 초반이 되면 근육통이 더 심해진다고 한다. 실제로 수년 전 내 나이 30대 중반에 MRI를 찍어본 결과, 내 목 부분은 뼈와 뼈를 지탱하는 물렁뼈가 많이 마모되어 50~60대와 비슷한 상태라는 진단이 나왔다. 이러다가는 근육을 전혀 못 쓰게 되는 건 아닌가 하는 두려움이 엄습할 때도 있다.

사정이 이렇다 보니 향후 몇 년 후에는 겨울뿐 아니라 다른 때에도 장애인 주차 공간이 필요할지도 모르겠다. 내 근육이 보다 심각한 상황이 되면 나도 어쩔 수 없이 장애인 주차증을 발급받을 수밖에 없을 것이다.

그날이 과연 언제가 될까. 부디 내가 꼬부랑 할머니가 되어 더 이상 운전을 할 수 없을 때까지 그런 날이 오지 않기를 기도하며, 나는 오늘도 따뜻한 가슴을 가진 한 사람으로서 장애인 주차장을 양보한다.

다른 것이지
틀린 것이 아니다

■ ■ ■

다 함께 춤을

1년 전쯤 나는 라인댄스에 입문해 제대로 춤바람이 난 적이 있다. 마음먹은 대로, 머릿속에서 지시하는 대로 몸이 움직여주지 않는 나로선 춤을 추는 건 굉장한 모험이었다. 시작은 미국에 방문한 엄마의 권유가 계기가 됐다. 강의 준비와 연구소 일을 위해 다람쥐 쳇바퀴 돌 듯 매일매일 밤낮으로 책상 앞에 앉아 책과 컴퓨터와 씨름하며 사는 딸에게 라인댄스로 운동도 하고 생활의 활력도 찾으라는 엄마의 간절한 바람에 힘입어 나는 용기를 내봤다.

라인댄스란 여러 사람이 말 그대로 줄을 지어 추는 춤이다. 몸과 마음이 항상 따로 노는 나는 그리 어려운 동작이 아니어도 다른 사람들에 비해 익숙해지는 속도가 느릴 수밖에 없어 자주 틀리곤 했다. 그래도 가르쳐주시는 홍세실리아 선생님과 함께 강습을 받는 분들이 "순서 잘 외우시네요", "잘 따라하시네요"라며 격려해주셔서 강습 내내 한 번도 빠지지 않고 열심히 할 수 있었다. '칭찬은 고래도 춤을 추게 한다는데, 칭찬이 나를 라인댄스 세계로 이끄는구나' 하면서 어느 순간부터 라인댄스의 매력 속으로 쏙 빠져들게 되었다.

그러던 어느 날, 왼발 엄지발가락이 너무 아파 페디큐어를 지우고 살펴보니 발톱에 시퍼런 멍이 들어 있었다. 움직임이 불편하기 때문에 춤을 출 때 발목과 발가락에 무리하게 힘을 주고 하다 보니 멍이 든 모양이다. 그렇게 멍이 시퍼렇게 든 것도 모르고 열심히 몸을 흔들어댔던 걸 생각하니 웃음이 났다.

내가 라인댄스를 그렇게 열심히 한 건 춤을 출 때의 즐거움도 있었지만, 함께 강습을 받는 분들의 배려가 너무 고마웠기 때문이기도 했다. 특히 라인댄스 강습 후 원주 까리따스 수녀회에서 운영하는 복지관 후원금 마련을 위해 제작되는 라인댄스 비디오 촬영을 함께하자고 해주셨을 땐 정말 감사했다.

완벽하지 않은 내 동작으로 인해 전체 통일성이 깨질 수도 있고, 다시 찍기를 반복할 수밖에 없을 텐데도 그분들은 함께 의미 있는 일을 해보자고 권유해주셨다. 그래서 '동작을 전부 소화하지는 못하더

라도 순서는 완벽하게 외워서 최선을 다하는 모습을 보여주어야겠다'고 결심하고 열심히 임하다 보니 발톱에 멍이 드는 줄도 모르고 춤을 춘 것이다.

라인댄스를 배우며 아무리 똑같은 동작을 하더라도 사람마다 춤에 개성이 묻어난다는 생각이 들었다. 특히 내 춤엔 더 많은 개성이 묻어날 것이다. 그 개성을 라인댄스를 가르쳐주는 선생님과 동료들은 틀렸다고 평가하지 않고, 조금 다를 뿐이라고 받아들여주었다. 장애인을 보는 세상의 시선도 이러했으면 어떨까 하는 생각을 해봤다.

초등학교 운동회 때면 어느 학교나 매스게임을 한다. 내가 다니던 학교 역시 해마다 매스게임을 했다. 다들 알다시피 매스게임은 참여한 모든 사람들의 일률적이고 단합된 모습이 관건이다. 그런데 몸을 자유롭게 움직이지 못했던 나는 그 매스게임이라는 게 참으로 어려웠다. 아무리 노력해도 다른 친구들과 박자를 맞출 수 없었다. 선생님은 그런 나를 아주 곤란하다는 듯 바라보셨다. 전교생 가운데 나 혼자만 유독 튀니 매스게임을 다 망치고 있다고 생각하시는 듯했다.

나를 보시며 연신 "휴! 이걸 어쩐다, 이걸 어째……" 하시는데 쥐구멍이라도 있으면 숨어버리고 싶은 심정이었다. 만일 내가 먼저 매스게임을 그만두겠다고 했다면 선생님은 차라리 속이 편하셨을까. 하지만 나는 그러고 싶지 않았다. 선생님이 아무리 눈치를 주셔도 다른 친구들과 함께 매스게임에 참여하고 싶었다.

그때 찍은 사진을 보면 다른 친구들이 모두 자리에 앉아 있는 동작을 할 때 나 혼자 살짝 엉거주춤 서 있는 모습이다.

이 사진이 부끄럽냐고? 전혀 그렇지 않다. 누가 묻는다면 "제가 어렸을 때부터 좀 튀는 사람이었지요"라고 여유 있게 답하겠다.

장애를 긍정적으로 바라보면 주목받을 수 있는 개성이라고 할 수 있지 않을까?

'아! 이 대책 없는 나의 긍정성……'

내가 이런 긍정 마인드를 가진 것은 모두 어린 시절부터 내가 잘하는 것이 무엇인지 알아봐주시고 그 능력을 한껏 키워주셨으며, 나는 충분히 사랑받을 가치가 있는 사람이라고 느끼게 해주신 부모님 덕분이다.

내가 일반 학교가 아니라 특수학교에 다녔다면 학교생활이 더 수월했을지도 모른다. 초등학교 입학 때가 되어도 잘 걷지 못하고 말도 힘겹게 간신히 하는 나를 부모님은 특수학교가 아닌 일반 학교에 보내셨다. 나를 일반 학교에 보내면서 마음에 걸리는 것이 한두 가지가 아니었을 것이다. 아이들에게 놀림을 당하지 않을까, 그 때문에 마음에 상처를 입지는 않을까.

그럼에도 불구하고 일반 학교에 보내신 건 특수학교에서는 선생님이나 친구들과는 잘 지낼 수 있을 테지만, 긴 안목으로 보면 장애가 없는 아이들과 어울릴 기회가 적어 사회에 적응하기가 더 어려울 거라는 생각에서였다고 한다. 그리고 부모님의 울타리 밖에 내놓아도 내가 잘해낼 거라 믿으셨기 때문이 아닐까.

이렇게 일반 학교에 다닌 덕분에 나는 초등학교 때부터 고등학교 때까지 언제나 학교에서 뇌성마비 장애를 가진 유일한 학생, 즉 늘 주목받는 특별한 학생이었다.

사실 '주목'이 아니라 놀림거리였지만, '나는 조금 다를 뿐이다'라고 여기며 받아들였다. 지금도 그렇게 받아들이고 있다.

그래서 비장애인도 장애인에 대해 '조금 다를 뿐이다'라는 인식을 가지고 자연스럽게 어울릴 수 있는 사회가 되었으면 하는 바람이다.

그러기 위해서는 학교 교육과 매스컴에서 장애인에 대한 시각을 바꿀 수 있도록 노력해주었으면 한다. 미국에서는 일찍부터 통합교육의 중요성에 눈뜨고 장애아와 비장애아를 함께 교육시키고 있다. 아이들은 프리스쿨이나 유치원에서부터 장애가 있는 친구를 자주 접하게 된다. 그래서 장애가 있는 친구도 자기와 똑같이 공부하고, 놀고, 웃을 수 있다고 자연스레 인식한다. 어린이 프로그램에서도 청각장애인이나 휠체어에 탄 아이를 출연시켜 장애아와 비장애아가 서로 융화되는 모습을 자주 보여준다. 우리나라에서도 〈방귀대장 뿡뿡이〉라는 유아용 프로그램에서 장애아들을 출연시켜 함께 어울리는 모습을 보여준 바 있다고 들었다. 이런 프로그램이 더 많아졌으면 좋겠다.

아이들은 TV나 일상생활 중에 장애인을 만났을 때 호기심 어린 눈으로 이렇게 물어볼 것이다.

"엄마, 저 사람은 왜 말을 못해?"

"저 사람은 왜 못 걸어?"

"저 사람은 왜 저렇게 키가 작아?"

그리고 내 경우처럼 "저 아줌마, 무섭게 생겼어" 하고 말하는 아이도 있을 것이다.

그럴 때 "몰라도 돼"라고 말하거나 건성으로 답하지 말기를 부탁드린다. 더 나아가 아이들이 묻지 않아도 부모님 혹은 어른들이 먼저 장애에 대한 이야기를 진지하게 들려주면 어떨까 하는 생각도 든다.

장애인들은 비장애인들에 비해 불편한 삶을 사는 것은 사실이지만, 그걸 극복해가기 위해 더 열심히 살아가는 사람들이라고.

어른들의 이런 작은 노력이, 가지각색의 사람들이 서로에게 상처를 주지 않고 더불어 사는 사회를 만드는 초석이 될 거라고 믿는다.

삶이 주는 상처에
무릎 꿇지 않는 것이 '용기'

◾ ◾ ◾

장애인답게 나온 사진이 필요하다니…

나는 종종 우리나라의 매체로부터 인터뷰 요청을 받곤 한다. 특히, 2004년 박사 학위를 받았을 때는 '뇌성마비 장애인으로서 최초로 해외에서 박사 학위를 받은 한국인'이라 사람들이 주목한다며 정말 많은 곳에서 인터뷰 요청을 해왔다. 그때 관심을 가져주는 것은 감사했지만, 내심 마음이 불편했다. 그저 한 개인이 박사 학위를 받은 것뿐인데 왜 이렇게 큰 이슈가 될까, 하고 말이다. 더욱이 매스컴에 대한 안 좋은 기억도 있어서 조심스럽기만 했다.

박사 학위를 받기 1년 전 나는 '올해의 교육학 박사과정 대학원생'

상을 받게 됐다. 이는 학교에서 논문을 잘 쓸 것 같은 유망한 학생에게 주는 상이다. 그때도 그걸 기사화하겠다고 몇몇 신문 기자들이 연락해오기에 "상 하나 탄 게 기삿거리가 되겠느냐? 정말 내가 뭔가를 해냈을 때, 그때는 진지하게 인터뷰에 응하겠다"라고 정중히 거절했다.

그런데 그로부터 며칠 후, 나는 황당한 소식을 접했다. 모 신문에 내가 상을 탔다는 내용과 함께 '눈동자의 움직임만으로 컴퓨터를 작동시키는 기기를 발명했다'는 말도 안 되는 기사가 실린 것이다. 당시 이미 눈동자의 움직임을 읽어 컴퓨터를 작동시켜주는 보조기기가 발명되어 있었고, 이 기기의 혜택을 받고 있는 사람들도 있었다. 나는 학회에서 그 기기를 시연하는 모습을 본 적은 있지만, 실제로 사용해본 일도 없는데 그런 엉뚱한 기사가 나오니 정말 속이 상했다.

그때 그 사건 때문에 신문에서 나오는 기사를 100퍼센트 신뢰하지 못하게 됐다. 그런 이유로 매스컴의 인터뷰 요청이 달갑지 않았다. 그러나 평소 나를 지지하고 격려해주신 지인들의 조언을 듣고 인터뷰에 대한 생각이 변화되었다.

특수 교사로 재직 중인 지인은 "너는 어려운 환경 속에서 열심히 노력해서 여기까지 왔잖아. 네 기사를 읽고 단 한 사람이라도 희망을 가질 수 있다면 성공한 거야"라고 하셨다. 또 뇌성마비 복지회 홍보부장으로 일하고 있는 최명숙 언니는 "언어장애 때문에 의사 표현을 잘하지 못하면 지능도 떨어진다고 오해하는 사람들이 많아. 그러니 우리 같이 언어장애가 있는 사람도 해낼 수 있다는 걸 보여줘야지"라며 인터뷰를 권하셨다.

철저히 경험에서 나온 그분들의 진심 어린 조언은 오랫동안 내 마음속에 맴돌았다. 내 이야기가 장애인에게 희망을 준다, 장애인에 대한 오해를 조금이라도 없앨 수 있다…… 그렇게 생각해보니 마음이 조금은 편해졌다.

또 내가 보조공학이라는 생소한 분야를 미국에서 먼저 공부했기 때문에, 내 기사를 통해 우리나라에 보조공학이 무엇인지, 또 보조공학이 왜 중요한지를 널리 알릴 수 있을 거라는 희망도 있었다. 빨리 우리나라 장애인들과 노약자들도 보조공학의 혜택을 누렸으면 좋겠다는 마음이 간절했기 때문이다.

그래서 인터뷰를 요청한 기자님에게 나의 입장을 충분히 전하고 기사 방향을 먼저 물어본 후에, 주제가 내가 전하고자 하는 메시지와 맞으면 응하기로 했다. 인터뷰라는 것을 몇 번 해보면서 반드시 내가 먼저 인터뷰 목적과 방향에 대해 의견을 밝혀야 한다는 나름의 노하우도 생겼다. 안 그러면 기자님들의 상상력은 끝이 없는 것 같았다.

물론 그렇게 기자님과 충분한 대화를 나누고 시작한 인터뷰인데도, 결과적으로 황당한 경험을 한 적도 적지 않았다. 기사 내용이 내가 한 말과 사뭇 다르다든지, 제목을 자극적으로 뽑아 사람들의 시선 끌기에 급급하다든지…….

인터뷰 사진에 관해서도 안 좋은 기억이 있다.

"장애가 드러나지 않을 정도로 예쁜 사진도 있지만, 그걸 본 사람들이 장애인 같지 않다고 해서요. 그게 문제가 되어 어쩔 수가 없네요."

몇 해 전 한 매체에서 '장애를 극복한 정유선'이라는 주제로 인터뷰를 했는데, 담당 기자님이 기사에 실을 사진을 정한 후 보여주며 한 말이다.

'장애인 같다'는 것은 과연 어떤 뜻일까? 왜 나는 사람들에게 그냥 정유선이라는 사람이 아니라, '장애인 정유선'으로 보여야 하는가? 한동안 마음이 아팠던 기억이 있다.

나는 중고등학교 시절 사진이 별로 없다. 사진기만 들이대면 온몸, 특히나 얼굴 근육이 잔뜩 긴장되어 어느 한쪽이 일그러진다. 그런 모습을 기록으로 남기는 것이 싫어서 학교 친구들과 소풍이나 수학여행을 가서 함께 찍은 사진도 거의 없다. 지금은 엄청나게 후회하고 있지만, 중학교 졸업 앨범 속 단체 사진에 있는 내 얼굴엔 죄다 볼펜으로 X자가 그어져 있다. 외모에 한창 관심이 많은 예민한 사춘기 시절이었던 만큼 내 겉모습을 부인하고 싶었다.

이런 사진 공포증에서 나를 구해준 이들은 바로 오빠와 남동생이다. 그들은 사진 찍을 일이 생기면 나를 위해 수도 없이 셔터를 눌러주었다. 흔히 하는 "하나 둘 셋" 하고 찍는 사진은 우리 가족에게는 있을 수 없는 일이다. 한 장소에서 그야말로 수십 번 셔터를 눌러 그중에 가장 좋은 표정을 남긴다.

그 방법이 제법 효과가 있다는 것을 경험한 터라 나는 신문이나 잡지 인터뷰 사진을 찍을 일이 있으면 사진 기자님께 미리 두 가지 부탁을 한다. 첫째 셔터를 최대한 많이 눌러 좋은 순간 포착을 해주십사, 둘째 무조건 나를 웃겨주십사, 하고 말이다. 난 아직도 사춘기 소녀처럼 말똥 굴러가는 것만 보고도 웃을 정도로 웃음이 헤프다. 그래서 상대방이 조금만 웃겨주면 웃을 수 있고, 내가 활짝 웃을 때 눈 한쪽이 약간 감길지언정 가장 편안한 표정을 지을 수 있고, 그 웃는 모습이 바로 나라고 생각한다.

'장애를 극복한 정유선'이라는 주제의 기사 인터뷰 당시 사진을 찍을 때 옆에 엄마가 계셔서 마음이 편한 상태였고, 사진 기자님도 순간순간 웃음을 주시며 셔터를 열심히 눌러주시기에 그렇게 찍은 수십 컷 중 그래도 괜찮은 사진이 있을 거라 생각했다. 그런데 담당 기자님이 보낸 사진은 내 특유의 활짝 웃는 표정이 아니라, 웃음기 하나 없는 얼굴을 어정쩡하게 일그러트린 것이었다.

그 사진 속 일그러진 모습도 나 정유선이다. 그 모습이 다른 사람들에게 보이는 평소의 내 모습임에는 틀림없다. 그러나 그것이 나를 대표하는 모습은 아니지 싶다.

아무리 장애 극복을 주제로 사진을 찍었다지만, '장애인'다운 모습만을 보여주려는 사람들은, 그야말로 내 겉모습만 보고 판단을 하는 사람들이 아닐까? 그들이 내가 평소에 얼마나 잘 웃는지 알았더라면, 나를 가장 잘 나타낼 수 있는 활짝 웃는 모습의 사진을 선택했으리라. 그들은 나를 잘 몰라서 그랬겠지, 라고 이해해야만 했다. 하지만 그 사건 이후 나는 더욱더 인터뷰에 신중을 기할 수밖에 없다.

한동안 뜸했던 인터뷰 요청은, 2012년 조지메이슨 대학 최고교수상을 받은 이후 다시금 잦아졌다. 신문 인터뷰 요청은 물론이거니와, 몇몇 TV 프로그램, 예를 들면 사람 사는 이야기를 진솔하게 다루는 다큐멘터리, 성공한 사람들의 성공 스토리를 다루는 다큐멘터리 프로그램 등에서 내 이야기를 방송으로 만들어보고 싶다고 연락을 하기도 했다. 작가님과 피디님들이 나를 섭외하기 위해 프로그램의 기획 의도나 방향, 취재 목적 등을 설명하실 때 그분들의 진정성이 느껴져 정말 감사했다.

그러나 나는 이러한 제의들을 모두 공손하게 거절했다. 물론, 학교 강의에 충실하기 위해 다른 일에 신경을 쓸 여유가 없다는 것이 표면적인 이유지만, 이보다 더 큰 이유는 내 삶의 모습이 누군가의 시선에 의해 재구성된다는 것이 두렵기 때문이다. TV에서 보이는 나의 삶은 100퍼센트 진실이 아닐 수도 있기 때문이다.

어느 방송 피디님은 내 이야기가 시청자들에게 하나의 기적으로, 그리고 하나의 반성문으로 자리 매김할 수 있을 거라고 말씀해주셨다. 또한 장애를 갖고 있는, 흔히 말해 '소수자'가 어떻게 사회에 나와 당당히 행복하게 살아가고 있는지 시청자들에게 보여주면, 분명 환경과 조건에 좌절하고 절망한 이들에게 희망이 될 거라 확신한다고 말씀해주셨다. 만약 그렇게만 된다면 내 시간을 희생해서라도 취재에 응해주어야 마땅하지 않을까 싶다.

하지만 과거에 신문 인터뷰나 방송 출연 후 나를 지켜보고 응원해주시는 분들이 많다는 생각에 힘도 났지만, 앞으로 더 잘 해야겠다는 책임감도 커져 적잖이 스트레스를 받는 것도 사실이다. 그리고 분명히 나를 과대 포장한 부분도 있기에 마음이 편하지 않을 때도 있었다. 또 한편으로는 나의 30년 지기 믿음직한 친구, 내가 '아'라고 하면 '어'까지도 읽어내는 혜승이의 걱정 어린 말도 일리가 있는 듯했다. 그녀는 내 방송을 보고 이렇게 걱정해주었다.

"방송에서 너의 잘하는 모습만 너무 부각돼서 너에 대해 잘 모르는 시청자들은 네 장애가 심각하지 않은 줄 알 것 같아. 그래서 네가 그동안 겪었던 심적, 육체적 고통을 이해하지 못할 수도 있을 거야."

내 이야기를 책으로 내고자 글을 쓰고 있는 지금 이 순간에도 사실 나의 마음은 흔들리고 있다. 과연 내가 써내려가고 있는 글들이 사람들에게 읽혀질 가치가 있을까? 나는 지금 왜 어떤 이유로 이 글을 쓰고 있는 것일까? 이 글을 쓸 시간에 소중한 가족들과 시간을 보내는 것이 내 인생에서 더 가치가 있는 일이 아닐까? 먼 훗날 이 시간들을 돌이켜보면, 나의 인생에 플러스가 될까, 아니면 마이너스가 될까? 그야말로 내 마음속은 갈팡질팡 갈등 중이다.

그럼에도 불구하고 많은 사람들에게 나의 삶을 보여드리기 위해 글을 써내려가는 이유는, 나에게 작은 바람이 있기 때문이다.

내 이야기가 장애와 싸워온 치열한 삶의 기록이 아니라, 삶에서 부딪치는 크고 작은 문제들로 힘들어하는 분들에게 조금이라도 힘이 되고 용기가 되며 여유가 되었으면 하는 바람이 있을 뿐이다.

내 환경과 처지가 다른 사람들과 조금은 다를지 몰라도 나 역시 평범한 딸이자 엄마이자 아내다. 나는 마음이 따뜻한 사람이 좋고, 그래서 나 자신도 항상 그런 사람이 될 수 있기를 갈망한다. 그리고 따뜻한 마음을 가진, 그래서 언제라도 가까이 다가가 차 한 잔 하면서 이야기를 나눌 준비가 되어 있는 그런 사람이고 싶다.

내가 가는 길,
내가 가야 할 길

■ ■ ■

디딤돌이 되고 싶다

나의 지도교수 마이크 베르만 박사님은 언젠가 나에 대해 이렇게 소개한 적이 있다.

"정유선 박사는 장애를 가진 사람들에게 성취감을 유도할 수 있고, 동시에 보조공학 분야에 많은 공헌을 할 수 있는 학자적인 능력을 가진 사람이다."

부족한 나를 이렇게 높이 평가해주신 교수님 덕분일까. 자연스럽게 내 삶의 목표는 장애를 가진 사람들에게 성취감을 주고 보조공학 보급에 공헌하는 것이 되었고, 나는 지금 그 길을 향해 한 걸음 한 걸음 나아가고 있다. 하지만 나는 나보다 더 심한 장애를 가지고, 더 어려운 역경 속에서, 더 훌륭한 일을 해냈고, 해내고 계신 분들이 많다는 걸 잘 알고 있다. 그리고 그분들에게 큰 박수를 보내며 그분들의 모습을 통해 나 역시 힘을 얻고 있음에 감사드린다.

전신마비 장애로 전동 휠체어에 몸을 의지한 채 강단에 오르시는 한국의 스티븐 호킹 이상묵 교수님, 시각장애인 최초로 박사 학위를 받고 미국 정부 고위직(백악관 차관보)까지 지내셨던 고 강영우 박사님, 소아마비 1급 장애를 딛고 영미 문학자이자 작가로 활동하셨던 고 장영희 교수님(교수님의《내 생애 단 한 번》이라는 책 서문에 나온 '아예 시작도 안 하고 잘 못한다고 중간에서 포기했다면 지금쯤 내가 할 수 있는 일이 무엇이 있을까'라는 구절을 읽고, 나의 평소 생각과 일치해 얼마나 기뻐했던가), 하반신마비 장애에도 불구하고 미국 존스홉킨스 대학 재활의학과 의사로 일하고 있는 이승복 박사님…….

이외에도 수많은 장애인들이 장애와 사회적 편견을 딛고 묵묵히 자신의 길을 가고 있다. 그런 분들 덕분에 몸이 불편한 장애인을 덮어놓고 '아무것도 할 수 없는 사람'으로 취급하는 사람들의 생각이 조금씩 바뀌고 있는 것이다.

나는 특수교육 교사들에게 강의를 하고 보조공학을 연구하는 일이, 나와 같은 장애인이 겪고 있는 불편을 해소하는 데 조금이나마 도움을 주고 희망을 준다는 것에 보람을 느낀다. 강의할 때 정확한 의사 전달을 위해 내가 직접 보완대체 의사소통기기를 사용하고 있기 때문에, 누구보다 장애인에게 보조기기가 얼마나 필요하고 편리한지를 잘 안다. 그래서 더 많은 장애인들이 보조기기의 혜택을 누리기 바라는 마음이 간절하다.

나는 어린 시절부터 항상 언제, 어디에서나, 누구에게나 내가 하고 싶은 말을 다할 수 있었으면…… 하고 바라며 살아왔다. '만약 언어장애가 없었더라면, 지금보다 더 전문적이고, 더 사교적인 사람이 되었을 것이다'라는 부질없는 생각을 가끔씩 하곤 했다. AAC의 존재를 알기 전에도 '마음을 읽어서 그대로 전달해주는 작은 기기가 있었으면' 하고 약간은 황당한 바람을 갖기도 했다. 그래야 내가 하고 싶은 말을 어디서나, 언제든지 할 수 있게 될 것이니까(사실, 먼 미래에 이런 기기가 발명되더라도 사용하기는 아주 조심스러울 것이다. 왜냐하면 내 마음속에 내재되어 있는 나쁜 생각까지 전달할 테니 말이다).

그만큼 살아가는 데 있어서 언어장애로 인해 생기는 불편한 일들이 너무나 버겁게 느껴졌다. 사람들과 마주하고 대화를 할 때는 몸짓을 섞어서 하거나 필담을 나눌 수도 있어 그나마 괜찮다. 그러나 전화를 해야 할 때는 정말 난감할 때가 많다. 언어 장애가 없는 사람에게는 대수롭지 않은 일이지만, 내게는 전화 통화가 큰 시험처럼 긴장되고 진땀 나는 과정이었다. 전화를 했다가 말이 안 나와서 낑낑거리고 있으면 "여보세요, 여보세요"라고 몇 번 하다가 급기야는 화를 내고 끊는 경우가 다반사였다. "왜 전화 해놓고 말을 안 해요? 참 할 일 없는 사람이네" 내지는 "야! 너 왜 장난 전화질이야?"라고 화를 내는 상대의 반응을 수화기를 통해 고스란히 다 들어야만 했다. 그런 상처가 있어서인지 나는 요즘도 전화 통화가 내키지 않아 가족이나, 아주 친한 친구, 지인들 몇몇을 제외하고는 여간해서는 하지 않는다.

다행히 지금은 마음을 읽어주는 기기는 아니지만, 나에게 알맞은 전화 서비스를 사용하고 있다. 바로 문자 전달 서비스(text relay service)이다. 원래 청각장애인들이 주로 이용하는 이 서비스는, 키보드가 달린 TTY 전화기를 이용해 하고 싶은 말을 입력하면, 상대방의 TTY 전화기에 문자가 찍혀 소리를 듣지 않고도 통화가 가능하다. 그런데 나같이 언어장애가 있는 사람도 이 문자 전달 서비스가 유용하다.

내가 사용하는 문자 전달 서비스는 통화시 나와 상대방과의 중간에 전화 중개인(relay operator)을 사이에 두고, 내 쪽에서 하고 싶은 말을 입력하면 전화 중개인이 내가 입력한 문장을 상대방에게 읽어주고, 상대방의 말을 그대로 나에게 전달해주는 식이다. 물론, 이 전화 통화의 단점은 중개인을 사이에 두고 있기 때문에 사적인 대화는 하기 힘들다는 것이다. 하지만 나에게는 사막의 오아시스처럼 매우 고마운 서비스다. 나는 이 서비스를 병원 예약, 학생들과의 전화 통화,

대학 서비스 이용(예를 들면 컴퓨터 수리 요청), 신용카드 회사에 문의하는 일 등에 아주 유용하게 사용하고 있다.

AAC나 전화 문자 전달 서비스 모두 나 같은 장애인에게는 매우 중요한 의사소통 도구이다.

나는 박사 과정 중에 AAC를 사용하기 시작했는데 그 전까지는 학교에서 내 의지와는 상관없이 과묵한 학생이었다. 머릿속에 써놓은 영어 문장이 목구멍에 탁 걸려 입 밖으로 나오지 않고 식은땀은 자꾸 흐르고 그럴수록 얼굴은 더 일그러지고…… 낯선 외국인들에게 안간힘을 쓰는 내 얼굴을 보여주기 싫어 차라리 입을 굳게 다무는 걸 택했다. 특히나 의견들이 날카롭게 오가는 토론 수업에서 내 의견을 피력하기란 거의 불가능했다.

조지 메이슨 대학에 갓 입학해서 정규 과목을 듣기 시작했을 때의 일이다. 수학랩에서 동료들과 팀을 이루어 프로젝트를 하는데, 한 팀이었던 남학생 하나가 내가 무슨 말만 하면 사사건건 "I can't hear you(무슨 말인지 모르겠어)"를 연발했다. 나름 용기를 내어 발언했는데, 그럴 때마다 "I can't hear you"라고 단호하게 말하는 얼굴과 부딪히니 사기가 떨어졌다.

그때는 어떻게든 주어진 과제라도 최선을 다해 열심히 하는 것 외에 내가 할 수 있는 일은 없었다. 그렇게 안간힘을 쓰며 견뎌내는 게 나의 운명이라 생각했다. 하지만 20년이 넘는 세월 동안 나를 가두었던 그 견고한 운명의 틀에서 벗어날 수 있게 만든 것이 AAC였다.

사실 AAC를 사용하리라 마음먹기까지 많은 갈등을 겪어야만 했다. 보조공학을 전공하기 전까지는 보완대체 의사소통기기라는 게 세상에 존재한다는 것조차 모르고 있었다. 그런데 AAC의 존재를 알게 된 이후에도 선뜻 손을 뻗을 수가 없었다. AAC를 사용하기 시작하면 내 입으로 말할 기회가 완전히 사라질 것만 같은 막연한 두려움이 앞섰기 때문이다. 실제로 많은 언어장애인들이 AAC를 사용하기 전에 나와 같은 딜레마를 겪는다고 한다. 그런데 보조공학을 공부하고 실제로 사용하고 있는 많은 장애인들을 만나면서 서서히 생각이 달라졌다.

특히 보조공학학회에서 만난 한 남자의 모습은 지금도 잊히지 않는다. 전신이 마비되어 혼자서는 아무것도 할 수 없을 것처럼 보이는 사람이 각종 보조기기를 이용해 침대에 누워서 컴퓨터를 다루고 학회에 논문까지 발표한 것이다. 어떤 형태로든 내 입에서 나오는 말이 아니면 차라리 의사소통을 하지 않는 게 낫다고 생각하고 있던 내게 보조공학의 힘으로 세상 밖으로 나와 그들 나름의 방식으로 소통하고 있는 장애인들의 모습이 무척이나 인상적으로 다가왔다. 입을 닫은 채 혼자만의 세계에 갇혀 지내는 것보다는 어떤 방법으로든 내 의견을 적극적으로 전달하는 게 훨씬 현명한 게 아닐까 하는 생각이 들었다.

내 경험으로 미루어 봤을 때, 말이 수많은 의사 표현 방법의 하나이듯 AAC 사용도 말로써 의사 표현을 못 하는 사람들에게는 중요한 의사소통 방법이다. 내게 이것이 상식이지만, 많은 사람들은 그렇게 생각하지 않기 때문에 AAC에 대한 사람들의 인식을 높이는 것이 매우 중요하다고 생각한다.

사실 내 궁극적인 꿈은 한국에 돌아가 장애인에게 도움이 되는 일을 하는 것이다. 지금은 미국에서 강의와 연구를 하며 학자로서 실력을 더 쌓아야 하기 때문에 당장 시도하기는 어렵지만, 몇 년 뒤에는 한국 대학에서 교환교수로도 일해보고 싶다. 실은 박사 학위를 받은 후 한국의 두 대학에서 이런 제안을 해왔는데, 실력을 더 쌓을 필요가 있어 정중히 사양한 적이 있다.

내가 우리나라 대학에서 하고 싶은 일은 미국의 선진 보조공학에 대한 지식을 학생들에게 전달하고 보조공학에 대한 인식을 바꾸는 것이다. 우리나라는 IT 강국으로서 그 어떤 선진국보다 뛰어난 기술력을 보유하고 있다. 그런데 기술력으로만 보자면 세계에서 알아주는데 보조기기의 보급만 유독 늦어지고 있다. 그 이유가 과연 무엇일까?

여러 가지가 있겠지만 '장애인은 불편을 감수하는 것이 당연하다'는 인식이 한몫하는 것 같다. 그래서 장애인의 불편함을 개선시키기 위한 노력을 하기보다 지금까지 그래왔던 것처럼 묵묵히 감내하기를 바란다. 하지만 보조공학이 비단 장애인만을 위한 학문이 아님을 안다면 이런 인식이 조금은 변할 수 있을 것 같다.

고령화 사회로 노인 인구가 급증하는 한국 사회에서 노인들이 다른 사람의 도움 없이 스스로 불편함을 해소하기 위해 필요한 것 역시 보조공학이다. 노인들뿐만 아니라 일반인들도 보조공학의 혜택을 얼마든지 누릴 수 있다.

예를 들어 휠체어 사용자를 위해 인도나 상점의 턱을 모두 없애버린다고 가정해보자. 설계할 때 아예 턱을 없애거나 보수공사를 통해 램프웨이(rampway)를 만들어놓은 경우 그 혜택을 보는 사람은 휠체어를 탄 장애인만이 아니다. 유모차를 끄는 젊은 엄마, 스케이트보드를 타는 어린이, 이삿짐을 옮기는 사람들 역시 훨씬 편리한 생활을 영위할 수 있다.

보조공학은 장애인과 비장애인의 구분을 넘어 삶의 편리를 위해 끊임없이 노력하는 학문이다. 또한 너와 나 우리 모두가 함께 어우러져 사는 사회를 위해 꼭 필요한 학문이다.

나는 보조공학을 공부하면서 얻은 이 깨달음을 한국에 있는 보다 많은 사람들과 나누고 싶다. 구두 주걱 같은 아주 작은 보조기기의 도움만으로도 생활의 질이 눈에 띄게 향상되는, 보완대체 의사소통기기를 통해 언어장애가 있는 내가 강단에 서 있는, 그 놀라운 경험을 모두에게 선물하고 싶다. 이 기기가 없었다면 내가 강단에 선다는 게 가당키나 했을까? 과학 기술의 힘은 때때로 이렇게 한 사람의 인생을 완전히 변화시킬 수도 있다. 이것이 내가 보조공학의 유용성을 널리 알리는 데 매진하는 이유기도 하다.

나는 사람들이 평범하고 소소한 일상 속에서 살아가다가 만나는 장애물을 힘차게 넘어갈 수 있도록 도와주는 디딤돌 같은 사람이 되고 싶다. 내가 몸담고 있는 '보조공학'의 세계처럼. 세상과 조화를 이루면서 나 자신을 나답게 완성하는 것이 바로 인생의 참된 의미가 아닌가 싶다.

내 인생에서 무엇을
남길 수 있을까

▪▪▪

보석 같은 아이들

"아이들이 어쩜 그렇게 공부를 잘해요?"

내가 현재 살고 있는 버지니아 주 페어팩스 카운티에서는 이 지역 초등학교 2학년 전체 학생을 대상으로 AAP(Advanced Academic Program)라는 시험을 보고 상위에 드는 학생들만 따로 모아 공부시키는 AAP제도가 있다. 한번 AAP에 들어가면 중학교까지는 계속 다니게 되는데, 하빈이는 이 학교를 졸업했고 예빈이는 현재 다니고 있다.

그렇다 보니 사람들은 종종 나에게 아이들 학습 비결을 묻곤 한다. 그런 말을 들으면 솔직히 부끄럽다. 나는 항상 내 공부, 내 강의 준비하기에도 시간이 터무니없이 부족하다. 당장 내 발등에 떨어진 불을 끄기에 급급했기에 하빈이 예빈이 공부를 위해 따로 시간을 투자할 수가 없었다. 그게 아이들에게 늘 미안했는데 다행히 내가 이끌어주지 않아도 스스로 알아서 잘해나가고 있어 고맙기만 하다.

어릴 적부터 호기심 많고 책임감이 강했던 큰아이 하빈이, 배려심 깊고 밝은 성격의 둘째 예빈이. 내 인생에서 가장 중요한 이 아이들에 대한 이야기를 해보려 한다. 만약 최우수 고슴도치 엄마를 뽑는 대회가 있다면 나도 다른 엄마들에게 결코 뒤지지 않을 자신이 있다. 그러기에 내가 아이들에 대해 하는 이야기는 그저 일등 고슴도치 엄마 눈에 비친 지극히 주관적인 생각임을 밝힌다. 그래도 어쨌든 내가 세상에 태어나 가장 잘했다고 칭찬받고 싶은 일은 바로 하빈이와 예빈이 엄마가 된 일이다.

하빈이는 현재 미국 내 최고 공립 고등학교로 꼽히는 토마스 제퍼슨 과학 영재 고등학교에 재학 중이다. 2012년 9월에 꽤 높은 경쟁률을 뚫고 입학을 해서 2013년 올 9월에는 10학년(한국 고1에 해당되는 학년)이 된다. 입학 오리엔테이션 자리에서 선생님들은 학부모들에게 "지금까지 여러분의 자녀는 모두 A만 받는 우수한 학생이었겠지만, 앞으로 자녀의 성적표에 B-나 C가 있다고 하더라도 결코 놀라지 마십시오. 이런 일들은 비일비재할 것입니다"라고 경고까지 해주었다.

"학생들은 분명 성적 때문에 스트레스를 받을 것이고, 학교에서는 다각도의 상담 시스템을 마련해놓았습니다"라는 걱정스러운 말도 했다.

오리엔테이션을 다녀온 뒤, 하빈이가 스트레스를 받지 않고 학교생활을 즐겁게 할 수 있으려나, 하고 처음에는 꽤 걱정을 했다. 다행히 하빈이는 잘 적응해가고 있는 듯하다. 아니 오히려 학과목 외의 학교생활을 너무 즐기는 것 같아 걱정스러운 면도 없지 않다.

하빈이는 현재 시간을 많이 투자해야 하는 마칭밴드(marching band)서클 활동과 드럼라인(drumline)서클 활동을 아주 열심히 하고 있다. 숙제에 시험공부, 거기에 서클 활동까지……. 평일과 주말 모두 눈코 뜰 새 없이 바쁘다. 너무 바빠 엄마가 챙겨주는 밥을 먹을 시간도 없고, 잠잘 시간도 부족하다. 요즘 부쩍, 삐쩍 마르고 조막만 해진 아이의 얼굴을 보면 엄마로서 너무 안쓰럽다.

사실, 나는 하빈이가 마칭밴드 이외에 드럼라인 팀에는 들어가지 않길 바라고, 엄마로서 걱정되는 마음을 전했다. 하지만 하빈이의 결심은 확고했고, 결정적으로 남편이 하빈이를 지지하며 본인이 직접 아이의 등하교까지 책임지겠다고 나섰다. 이유는 하빈이가 간절히 하고 싶어하고, 서클 활동 때문에 공부를 소홀히 할 아이가 아니니 믿어보자는 것이다. 아들이 잠도 못 자고, 밖에서 먹는 것도 부실해 몸이 축나지 않을까, 걱정하는 엄마의 마음도 몰라주는 남편이 야속했지만, 나는 걱정스러운 마음을 접고 허락할 수밖에 없었다.

드럼라인에 들어간 후 하빈이는 외출할 때마다 왼쪽 가슴 윗부분에 Habeen이라고 자신의 이름이 새겨진 팀 재킷을 입고 나선다. 평소에는 거추장스럽다며 추운 날씨에도 재킷을 입지 않아 나에게 잔소리 듣던 아이가 말이다. 그런 하빈이를 보며 "그래, 하고 싶은 것을 하면서 따르는 행복도 네 몫, 거기에 따르는 책임도 네 몫이다. 네 인생은 너의 것. 인생을 즐겨라!"라고 말해준다.

공부와 서클 활동 모두 열심히 하는 하빈이는 고등학교 입학 후 하루도 12시 이전에 잠든 적이 없다. 그러다 보니 다 잠든 고요한 새벽에 모자지간에 엄마는 위층에서, 아들은 아래층에서 서로 메신저로 안부를 묻곤 한다.

"아직 안 자? 얼마나 남았니? 피곤하지? 빨리 하고 자라."

요즘 침묵병에 걸린 사춘기 소년이라 내게 표현은 잘 안 해도 새벽까지 이어지는 엄마와의 메신저 대화가 다소 위안이 되기는 한 모양이다. 얼마 전 내 생일 카드에 '내가 숙제 하느라 늦게까지 안 자고 있을 때, 엄마가 항상 옆에 있어줘서 고마워요'라고 써주기도 했다. 엄마인 나도 늦게까지 일할 때 아들과 함께 말동무를 할 수 있어서 감사하다는 것을 하빈이는 알고 있을까?

둘째 예빈이는 현재 만 열한 살로 9월이면 6학년이 된다. 천성적으로 남을 잘 배려하는 착한 아이라, 네 살 많은 오빠에게 양보도 잘

하고, 엄마와 아빠도 잘 챙겨주고, 학교에서 친구들 사이에 중재자 역할을 하기도 한다. 항상 나를 웃게 만들어주는 예빈이를 바라보며 가끔 첫아이 육아에 지쳐 둘째 가질 생각을 안 했으면 과연 나의 현재 삶이 어땠을까 생각해보는데, 상상만으로도 아찔하다.

어렸을 때부터 책상에 앉아 공부하는 나의 뒷모습을 가장 많이 보아온 예빈이는 엄마와 시간을 보내고 싶을 텐데도 언제나 "엄마 지금 일해요? 할 거 많아요?"라고 먼저 물어본다. 그럴 때면 아이와 함께 시간을 보내고 싶지만 늘 시간에 쫓기는 터라 대부분 함께 놀아주지 못한다. 그래도 예빈이는 미안해 하는 내 속을 헤아리고 오히려 "엄마 파이팅!" 하고 힘을 준다.

특히 내가 조금만 피곤해 보여도 "엄마 좀 주무세요", "엄마 좀 쉬세요" 하며 챙겨준다. 그래서 요즘은 예빈이가 나의 초저녁 알람시계 역할을 맡았다. 저녁 식사 후 밀린 일을 하기 위해 책상 앞에 앉기 전 예빈이에게 "엄마 30분만 자고 일어날 테니 깨워주렴" 하고 부탁하면 틀림없이 그 시간에 "엄마, 일어나세요" 하며 깨워준다. 학창 시절에는 공부에 지쳐 책상에 엎드려 있으면 엄마가 나를 깨워주었는데, 엄마가 된 지금은 딸 예빈이가 깨워주니, 나는 평생 깨워주는 사람이 있어 걱정 없다.

얼마 전 예빈이가 친구를 초대해 집에서 함께 논 적이 있다. 그때 아래층에서 올라오는 예빈이와 친구의 재잘거리는 소리, 까르륵 웃음소리, 쿵쿵쿵 뛰는 발자국 소리를 듣고 있다가 문득 자지러지게 행복감을 느꼈다. 그 소소한 일상이 너무나 소중한 건, 조금은 특별한 삶을 사는 내게 결혼해서 엄마들만이 느낄 수 있는 자잘한 행복을 누리는 것조차 사치라고 생각했던 때가 있었기 때문이다.

내가 한 남자의 아내로, 두 아이의 엄마로 이렇게 행복한 삶을 살게 될 줄은 뇌성마비 진단을 받은 이후 그 누구도 상상하지 못했다. 1994년 한 남자의 아내가 되었을 때도 내가 엄마들만이 누릴 수 있는 이런 소중한 시간을 보내게 되리라고는 생각지 못했다.

엄마가 되기까지 나에게는 큰 용기가 필요했다. 그 용기와 철저한 임신 계획, 그리고 천하무적 모성애가 어우러져서 두 아이를 낳아 키운 지 어언 15년이 지난 지금, 어찌 보면 나에게는 매 순간순간이 기적 같았기에 소중하기만 하다.

나와 엄마 사이가 그러하듯이, 나도 하빈이 예빈이에게 친구 같은 엄마가 되고 싶다. 아이들이 어릴 때는 어린 모습 그대로 봐주었고, 커가면서는 커가는 과정 그대로 아이들 나이에 맞게 눈높이를 맞추어가고 싶다. 아이들과 함께 기뻐하고, 고민해주고, 인생 선배로서 조언도 해주고 싶다.

하빈이와 예빈이는 나에게는 보석 같은 존재임이 분명하다. 어떤 땐 그냥 바라만 보고 있어도 행복해지고, 눈이 부시도록 아름답다.

내가 아이들이 보석 같다는 이야기를 했을 때 어떤 분이 "유선 씨는 그 보석 같은 존재를 다듬는 훌륭한 '장인' 엄마인 걸요"라고 말해준 적이 있다.

생각을 많이 해보게 되는 말이었다.

나의 부모님께서는 삐뚤삐뚤 절대로 빛이 날 것 같지 않은 보잘것 없는 돌멩이를 잘 다듬어주시고, 어루만져 반짝반짝 빛이 나는 인간 '정유선'을 만들어주셨다. 그분의 말씀대로 앞으로 더 노력해서 하빈이 예빈이를 이 사회에서 눈부신 빛을 낼 수 있는 보석으로 만들어야 겠다고 오늘도 다짐해본다.

하빈아, 예빈아, 사랑한다. 영원히…….

▲ 몸이 성치 않은 딸을 수도 없이 업어준 아버지. 그의 등에 업히면 세상 두려울 것이 없었다.

▲ "너는 달리기 안 해도 돼." 배려 아닌 배려를 받았지만 꼴찌를 하더라도 달리고 싶었다. 그날 난 꼴찌가 아니라 뒤에서 3등을 했다.

▶ 매스게임에서 혼자만 툭 튀어나온 나. 부끄럽냐고? 전혀! 난 좀 튀는, 개성 있는 사람이었을 뿐!

▲ 나를 최고의 동생, 최고의 누나라고 생각하는 오빠와 남동생을 둔 것 또한 내게는 큰 행운이다.

▲ "Congratulation, Dr. Chung!" 모국어도 발음하기 힘든 내가 미국에 와서 박사 학위를 받았다.

◀ 고맙고 또 고마워요, 함께 세상의 편견에 맞서줘서, 힘들었던 그 시간 동안 내 손을 놓지 않아줘서, 잡은 그 손을 나날이 더욱 따뜻하고 강하게 잡아줘서.

▲ 당당한 엄마가 되기 위해 나선 일일교사. 나는 우리 아이들에게 세상은 장애의 유무를 떠나 모든 사람들이 함께 더불어 살아가는 곳이라는 걸 가르치고 싶다.

▲ 2006년 8월, 독일에서 열린 국제 보완대체 의사소통기기학회에서 수상자로 뽑힌 내게 전 세계 학자들은 기립 박수를 보내주었다.

◀ "너는 커서 교수가 돼라"는 아버지 말씀에 나는 뜬구름 잡는 것보다 더 허황되어 보이는 '교수'를 꿈꾸었고, 그 꿈을 이루었다.

▲▶ 나에게 꿈을 심어준 아버지, 나를 위해 꿈을 포기했던 엄마. 그분들의 헌신과 희생이 없었다면 오늘의 내가 과연 있기나 했을까.

▲▶ 세상에서 엄마가 가장 훌륭하고 아름다운 사람이라고 믿어주는 내 아이들. 하빈아, 예빈아 사랑한다, 사랑한다, 사랑한다.

뇌성마비를 극복하고 조지 메이슨 대학 최고 교수가 된 정유선의
내 인생을 움직인 한마디

나는참 괜찮은 사람이고싶다

초판 1쇄 발행 2013년 6월 28일
초판 10쇄 발행 2024년 9월 9일

지은이 정유선
펴낸이 최순영

출판1 본부장 한수미
와이즈 팀장 장보라

펴낸곳 ㈜위즈덤하우스   **출판등록** 2000년 5월 23일 제13-1071호
주소 서울특별시 마포구 양화로 19 합정오피스빌딩 17층
전화 02) 2179-5600   **홈페이지** www.wisdomhouse.co.kr

ⓒ 정유선, 2013

ISBN 978-89-5913-746-6 13320